KB264856

사과전도왕

누구나 쉽고, 빠르게 맞춤 전도로 전도왕이 될 수 있는
사과 전도왕

인쇄 | 2006년 11월 01일
발행 | 2006년 11월 05일

*

지은이 | 신경직 목사
펴낸이 | 채주희
펴낸곳 | 엘맨출판사

*

서울시 마포구 합정동 433-62
출판등록 | 제10-1562호(1985. 10. 29)

*

TEL | (02)323-4060
FAX | (02)323-6416
e-mail:elman1985@hanmail.net

*잘못된 책은 바꾸어 드립니다.
*책 값은 뒤표지에 있습니다.

사꽈 전도왕

신경직 목사 저

머리말

"전도는 하늘나라 보물찾기입니다."

여러분은 어릴 때 소풍가서 했던 보물찾기 놀이를 아십니까?

저는 지금 생각해도 보물찾기 때의 광경이 생각납니다. 선생님들이 보물이 적혀있는 종이를 나무 틈새나 그리고 바위 밑에 숨겨놓고 시간이 되면 아이들에게 찾아나서라는 호루라기를 불면 그 호루라기 소리와 함께 보물이 적힌 종이를 찾아 나섰던 어린 시절이 기억이 납니다. 보물이라고 해야 공책이나 연필 그리고 엄마들이 주방에서 사용할 수 있는 바가지 등 지금 생각해 보면 별 것 아닌 것 같은 것들인데 그 당시 경제상황이 매우 어려웠던 우리나라를 생각해 보면 그때 그 보물들은 말 그대로 우리들에게는 보물이었습니다. 지금 생각해도 소풍의 즐거운 추억 가운데 가장 큰 것은 보물찾기였습니다.

저는 요즘 전도를 하면서 문득 문득 보물찾기 생각이 났습니다. 전도와 보물찾기와는 아무런 상관이 없는 것처럼 생각이 되지만 전도를 하면서 느낀 것은 "전도란? 선생님들이 숨겨놓은 보물을 찾아나서는 어린아이처럼 하나님이 영생을 주시기로 작정한 사람들을 찾아나서는 하늘나라 보물찾기다"라는 생각이 들었습니다. 전도는 사도행전 13장 48절 말씀에 "이방인들이 듣고 기뻐하여 하나님의 말씀을 찬송하며 영생을 주시기로 작정된 자는 다 믿더라"고 말씀하신 것처럼 하나님께서 영생을 주시기로 작정된 자들이 우리는 누구인지 알지 못하지만 순종하며 현장으로 나가는 전도자들에게 열매를 주십니다.

요즘 "전도는 못하는 것이 아니라 안하는 것이다"라는 사실이 마음에 확와 닿습니다. 전도를 하면 전도는 됩니다. 전도자에 따라 조금 빨리 사과 열매를 따는 사람도 있고 조금 늦게 따는 차이는 있을지 몰라도 전도는 하면 됩니다. 물론 '누구나 쉽고 빠르게 맞춤전도로 전도왕이 될수있는' 이라고 책 제목에는 쓰여 있지만 인간의 방법으로만 하면 절대 전도는 쉽지 않습니다. 그리고 언젠가는 전도해야 되겠다라고 생각만 하는 사람에게는 열매가 맺히지 않습니다. 한 영혼에 대한 애끓는 사랑을 가지고 하나님의 말씀에 순종해서 전도의 현장에 나가면 하나님은 분명한 열매를 맺게 해 주십니다. 또 내 생각으로는 저 사람은 도저히 예수님을 믿을 사람이 아니야 하던 사람도 내가 전하는 복음을 듣고 눈물을 흘리며 주님 앞으로 돌아오는 역사가 나타납니다. 눈물은 흘리지 않는다 해도 예수 그리스도 안에 하나님의 자녀가 되는 많은 열매들이 맺히게 됩니다.

그동안 직접 전도의 현장을 나에게 주신 하나님께 감사를 드립니다. 또 전도할 수 있는 힘과 용기와 능력을 주신 하나님께 영광을 돌립니다. 그리고 부족한 종을 사랑해 주셔서 우리나라 전 지역의 교회를 다니며 전도에 대한 부흥회와 헌신예배 세미나를 인도하게 해주신 하나님께 감사를 드립니다.

그리고 집회와 헌신예배, 전도 세미나를 한 교회마다 놀라운 부흥의 역사가 일어났다고 고백하는 소리를 듣게 해주심에 다시 한 번 하나님께 영광을 돌립니다. 하나님께서는 부족한 사람에게 우리나라 교회 안에 전도를 두려워하며 부끄러워하는 많은 성도님들에게 성도라면 누구나 쉽고 빠르게 맞춤전도로 사과전도왕이 될 수 있는 사과 전도법을 허락해 주셨습니다.

이 사과 전도 법을 통해 전도하는 성도라면 누구나 전도의 현장에서 쉽게 전도할 수 있고 누구나 사과 전도왕이 될 수 있습니다.

사과 전도의 3가지 특징은 다음과 같습니다.

1.사과 전도 러브 터치 맞춤(Just for me) 전도 방법입니다

2.사과 전도는 쉬운(Easy) 전도 방법입니다

3.사과 전도는 재미있는(Fun)전도 방법입니다

4.사과 전도는 이미지(Image)전도 방법입니다

끝으로 이 책이 나오기 까지 수고해 주신 사장님이하 모든 분들에게 깊은 감사를 드리며 지금도 전도 현장에 나가 최선을 다해 전도의 열매를 맺고 있는 사랑하는 아내 최정인, 그리고 예지,예찬, 하영이와 이 책을 읽는 모든 성도님들에게 고마운 마음을 전합니다.

차례

사과전도왕 ---------- 시작하는 말

시작하는 말

"의인의 열매는 생명나무라
지혜로운 자는 사람을 얻느니라"(잠언11:30)

얼마 전 중앙일보를 읽다가 깜짝 놀랐습니다. 그것은 기사의 내용이었는데 충남 서천에 있는 석동마을에서 18년 만에 아기 울음소리가 들려 잔치를 벌였다는 기사였습니다.

왼쪽 사진에 아장아장 걸어오는 이 아이가 그 주인공인데 이름은 김은총(2)이고, 이 마을에 사는 김원철(38), 이경자(38)씨의 아기입니다.

은총이는 지난해 1월 태어났습니다. 은총이는 15가구(주민 30여 명)밖에 되지 않는 석동마을에 18년 만에 아이 울음소리를 들려준 주인공입니다. 아이가 태어나자 경사라며 온 마을이 잔치 분위기에 휩싸였습니다. 은총이란 이름도 교회 목사님이 '마을의 축복'이라며 지어준 것이었습니다.

"김씨 내외가 아니었으면 18년이 뭐유. 180년이 돼도 우리 마을에 아가가 없었을 거유."

마을 어른들은 김씨 부부를 침이 마르도록 칭찬했습니다.

그런데 석동마을뿐만 아니라 전국에 아기의 울음소리가 일 년 동안

한 번도 없었던 마을들이 전국에 10개 면이 넘었습니다. 그런데 이 같은 무 출산 동네가 매년 증가하는 것으로 조사되고 있습니다. 무 출산 동네로는 충북 보은군 회남면, 전남 영광군 낙월면 등 8곳이었습니다. 그 중에서 인천 옹진군 대청면 소청 출장소와 전남 신안군 초면 우이도 출장소 관내에선 2년 이상 단 1명의 아이도 태어나지 않았습니다. 그리고 10명 미만의 출생신고가 이루어진 저 출산 지역은 290곳으로 강원도 영월군, 충남 청양군, 충북 보은군, 경남 고성과 의령군, 경북 문경시, 의성군, 전남 신안군, 보성군, 전북 무주 완주군 등의 읍면동들이 많았습니다.

그런데 저는 전국의 교회를 다니며 전도 세미나와 헌신예배를 인도하는 중에 한국교회의 현실과도 비슷한 것을 볼 수 있었습니다. 일 년 동안 오히려 줄어들었으면 줄어들었지 전도되지 못해 정체를 넘어 침체기로 접어들고 있음을 느낄 수 있었습니다. 부흥하는 교회들 또한 이동교인들이 거의 대부분이었고 정말 비신자들을 전도해서 성장하는 교회는 찾아보기가 힘들 정도였습니다. 그래서 하나님께서 부족한 나를 통해서 한국교회를 살리고 세계에 흩어져 있는 한인교회들을 살릴 수 있는 비전을 허락해 주실 것을 기도했습니다. 계속 기도하는 중에 하나님은 나에게 응답을 주셨습니다.

친구 목사님과 함께 식사를 하는데 그 곳은 식당 전체가 사과로 덮여 있었습니다. 손님들이 와서 음식을 먹고 갈 때 작은 사과를 형상화 한 것에 자신들의 소원을 적어두고 가면 종업원들은 그것을 나무에 매달아 놓았습니다. 지저분하게 낙서를 하는 식당들과는 차원이 달랐습니다. 나는 호기심이 일어, 사과 속에 담긴 이야기를 읽어보았습니다. 하나하나 그 이야기를 읽어볼 때 자신이 사랑하는 사람들을 향한 애정과 자신의 소원을 담은 수많은 내용이 담긴 사과들이었습니다. 주인에게 이야기를 하고 그중에 있는 사과 하나를 들고 왔습니다. 그리고 사과 앞면에 이런 내용을 기록했습니다.

"사과 속의 씨앗은 바보라도 헤아릴 수 있어도 오직 하나님만이 씨앗 속의 사과를 헤아릴 수 있다"는 말을 적었습니다. 그리고 기도했습니다. 다른 사람들은 사과 속에 애인을 향한 열정과 자신의 소망을 기록했지만 나는 그 곳에 내가 전도할 사람의 이름을 적었습니다. 사과 하나 하나를 비신자로 보았습니다.

그리고 기도했습니다.

"하나님! 내가 이 사과 속에 전도해야 할 대상자의 이름을 적고 기도하는 것처럼 우리나라 전국 교회에 있는 모든 사람들이 이 사과를 비신자로 생각해 이곳에 전도대상자의 이름을 적어 날마다 가지고 다니며 기도하게 해주세요! 한국 교회 교인들이 사과 하면 전도라고 떠오를 수 있는 전도의 심벌이 되게 해주세요!"

그러나 식당에서 가져온 사과는 사과모양에 불과했기 때문에 영혼사랑에 남다르며 같은 비전을 품고 기도하는 디자이너 집사님이 계셔서 부탁을 드렸습니다. 영혼을 사랑하는 모든 사람들이 품고 기도할 수 있는 사과를 만들어 달라고 연락했습니다. 얼마 후 집사님은 예쁘게 디자인한 사과 모양을 보내왔습니다. 그리고 이것을 인쇄소에 부탁해서 함께 전도에 동참하겠다고 하는 친구 목사님들을 중심으로 보냈습니다. 많은 교회에서 사용을 하고 난 후, 사과를 가지고 전도한 결과 놀라운 열매가 있었다는 이야기를 해주었습니다.

어느 교회에서는 예쁜 나무를 만들어 전도 대상자의 이름을 적어 나무에 걸어 놓아보니 너무 예뻐서 다른 데코레이션이 필요 없을 정도로 아름다웠고 교회에 와서 바로 전도할 영혼을 위해 기도하는 모습에 감사하다고 했고, 많은 전도의 열매를 맺었다고 했습니다. 규모가 큰 교회에서는 교회 의자마다 성도들이 사과에 기록한 전도 대상자들을 붙여 놓고 예배 시간마다 자기 전도 대상자는 아니지만 자기 앞에 있는 다른 성도들의 전도 대상자를 위해 기도하다 보니 성도 사랑과 함께 하는 전도 공동체임을 느껴 너무나 기뻐하며 전도의 열매가 작년보다 더 많은 열매를 맺고 있다고 연락을 해왔습니다. 그리고 셀 그룹과 구역에도 지역 전도를 위해 셀 그룹에 나누어 주었을 때 소그룹에서 함께 하는 빈자리 철학에 이것을 접목해보니 너무 좋은 효과가 나타난다고 셀 그룹장들의 감사가 이어져 왔습니다.

그러나 심벌이 있다고 전도할 수 있는 것은 아니었습니다. 이것은 전도에 작은 도움이 되는 것은 사실이지만 예수님을 구주로 믿는 전 성도들이 전도에 동참케 하기 위해서는 이것만으로는 부족했습니다.

계속 하나님께 기도했습니다. "하나님 나에게 전도의 아이디어뿐만 아니라 비신자들을 하나님의 품으로 인도할 수 있는 전략을 주십시오." 이 기도를 드리고 몇일 지나지 않아 어느 날 인터넷을 통해 예영숙 이라는 보험설계사를 만날 수 있었습니다. 예영숙 보험설계사(FC · Financial Consultant)는 평생 한번 차지하기도 힘든 보험 왕 자리를 6년 간 연속으로 차지한 사람이 었습니다.

이 사람은 2005년 3월 21일 41회 연도상 시상식에서 6년 연속 보험 여왕으로 선정된 삼성생명 대구 대륜영업소 보험설계사였고 '움직이는 영업소', '기적을 만들어 내는 여인', '보험업계의 살아 있는 전설' 등 많은 별명을 가진 사람이었습니다. 그녀가 지난 한 해 동안 신계약 215건, 수입보험료 201억원, 13회 차 계약유지율(보험료를 1년 이상 낸 기준) 98.8% 등 경이적인 기록을 세워 6년 연속 보험 여왕 수상이라는 신기록을 이어 나갔습니다. 이런 업적으로 그가 받은 연봉은 무려 11억 원이고 작년에 이어 2년 연속 연봉이 10억 원을 넘었습니다.

우리나라 생명보험설계사 14만 명과 삼성생명 보험설계사 3만 명이 치열이 경쟁하는 이 분야에서 6년 동안 정상에 우뚝 선 사람이었습니다. 나는 하나님께서 왜 이 사람을 보게 하셨는가, 너무 궁금해서 이 사

람을 좀 더 알아야 겠다고 생각하고 모든 자료를 파악해서 이분의 10가
지 성공비결을 발견할 수 있었습니다.

1. 생명보험에 대한 확고한 신념을 가져라

"자신이 먼저 판매하는 보험 상품의 가치에 대해 확고한 신념을 가진
다음 그 가치를 고객에게 바로 알려야 한다."

2. 고객을 만나면 무언가 도움이 되는 설계사가 되라

"고객을 만나면 무언가 도움이 되는 설계사가 되어야 한다. 단순한 보험
영업인이 아니라 고객의 금융컨설턴트 노릇을 할 정도로 전문 식견을
갖춰야만 성공할 수 있다."

3. 성공에 대한 비결을 아는데서 그치지 말고 실천하라

"더 많은 성과를 올리는 비결은 사실 모두가 알고 있다. 다만 실천하
지 않을 뿐이다."

4. 매년 마다 뚜렷한 목표를 가져라

"월 목표, 일 목표를 구체적으로 설정해 놓고 하루하루를 지내면 그해
의 목표는 자연스럽게 달성 된다."

5. 끊임없이 변신하라

"끊임없이 변신하지 않으면 프로가 될 수 없다. 하루도 빠짐없이 한국
경제신문 등 2개의 신문을 읽고 고객과의 다양한 대화를 위해 부족한
부분들을 계속 채워 나가는 노력을 해오고 있다. 사무실 옷장에는 10여
벌 이상의 옷이 준비되어 있다. 바로 고객의 눈높이에 맞춰 옷을 선택해
입기 위해서이다. 예의를 중시 하고, 옷차림이 첫 인상으로 이어진다고
생각하기에 고객을 위해 옷 을 갈아 입는 번거로움은 기꺼이 감수한
다."

6. 세심한 배려 속에 고객을 감동시켜라

"무작정 아는 사람을 찾아가 보험에 들라고 떼쓰는 식의 영업을 하지

않는다. 판매에 앞서 고객의 직업, 취미, 생활환경, 가족사항, 성격까지 필요한 사항을 꼼꼼히 확인하고 체크한다. 그리고는 고객의 사정에 따라 저축형 플랜, 연금형 플랜, 보장성 플랜 등으로 나눠 가입을 권유하는 방식으로 접근한다. 즉 고객의 처지와 조건에 따라 부담스럽지 않으면서도 당사자에게 꼭 필요한 보험에 가입하도록 권면하고 있다.”

7. 남보다 항상 한 걸음씩 앞서서 연구하라

예영숙 보험설계사의 전문가적 전략과 견해에 대해 곁에서 지켜보는 사람들은 ‘남보다 항상 한 걸음씩 앞서서 연구한다’고 설명한다. 어떤 때는 본사의 마케팅전략팀에서 만들어 내는 전략보다 앞설 정도라고 혀를 내두른다.

8. 컨셉 마케팅을 실시하라

“고객 개개인의 가치가 다 다르다는 인식을 바탕으로 그 고객이 가장 중요하게 생각하는 가치에 컨셉을 맞춘 제안서를 제시하고, 다시 그 컨셉에 맞는 상품의 설명으로 풀어 나가는 것이 중요하다.”

9. 고객은 언제나 나를 떠날 준비를 하고 있는 사람으로 생각하라

“흔히 한번 고객은 영원한 고객이라고 말하는데, 내 고객관은 그렇지 않다. 나는 ‘고객은 언제나 나를 떠날 준비를 하고 있는 사람’이라고 보고 있다. 고객은 항상 더 나은 전문가를 향해 떠날 준비를 하는 사람들이다.”

그렇게 믿기 때문에 그는 소위 단골고객이라고 하더라도 항상 처음과 같은 정성과 신뢰감을 주기 위해 노력한다.

10. VIP중심의 세심한 고객관리를 실시하라

“일반 고객에 비해 VIP 고객의 지출 규모가 크고 신뢰도도 높다. VIP 고객은 담당 보험설계사를 한 번 정하기가 까다롭지 일단 정하고 나면 좀처럼 바꾸지 않는 경향이 있다.

그는 하루에 5명 이상의 고객을 만나는 것을 원칙을 반드시 지키고 있다.

나는 이 글을 기록하고 하나님 앞에 무릎을 꿇었습니다.

"하나님! 이 사람은 자신의 보험 사업을 위해서도 이토록 철저하게 준비하며 전략을 가지고 나아가고 있는데 하나님을 믿는 사람이 아무런 노력 없이 그저 나가 전도지를 들고 나누어 주며 힘없이 전도했습니다. 이 종에게 세상을 변화시키는 복음을 잘 전할 수 있는 능력과 전략을 허락해 주십시오."

그동안 나는 지하철 안에서도 전도를 했었고, 사람들이 가장 많이 다니는 명동 한복판에서도 외침전도를 했었습니다. 그러나 믿는 사람들조차 이런 전도 방법을 못 마땅해 하는 사람들이 많았습니다. 나는 이 전도를 통해 창피하기도 했고 부끄러웠던 적도 있었지만 서울 한 복판에서 하나님을 자랑할 수 있다는 사실에 너무 감사했습니다. 그러나 열매는 내 눈으로는 확인 할 수 없는 단점이 있었습니다. 이때 기도하며 연구하는 가운데 하나님께서는 저에게 심벌인 사과뿐만 아니라 사과 전도의 전략을 허락해 주셨습니다.

이전에는 전도를 할 때 전도지를 들고 나가 무작정 만나는 사람들에게 "예수 믿으세요!"하고 전도지를 나누어 주기 바빴습니다. 기도하고 성령님께 물어보고 주는 단계가 아니라 무작정 나누어 주기 바빴습니다. 그러다 보면 나누어 주는 전도지가 얼마 가지 않아 휴지통에 구겨져 있었고 또 어떤 전도지는 길거리에 나풀거리며 날아다니고 있었습니다. 속은 상했지만 그 전도지 또한 누군가 주어서 읽고 예수님 품으로 돌아오겠지 하는 긍정적인 생각만 가지고 그 다음날도 그 다음날도 이런 식으로 전도했습니다.

가지고 갔던 전도지가 다 떨어지면 하루 숙제를 마친 아이처럼 그런 평범한 기쁨이었습니다. 그런데 눈에 보이는 열매는 거의 없었습니다.

그러나 그 후 하나님께서 주신 전략이 있는 사과 전도를 통해 전도했을 때 이전과는 다른 전도의 열매가 보이기 시작했습니다.

|적용과 실천|

나는 어떻게 전도하고 있는가?

현재 자신이 하고 있는 전도하는 방법을 적어 보세요

모든 성도를 사과전도왕으로 만드는

사과전도법이란 무엇인가?

사과 전도법이란 무엇인가?

오늘 날 많은 성도들이 전도에 대한 부담감을 갖고 있습니다. 여러 가지 전도훈련을 받았지만 교회에서 배운 복음 제시 방법이 어려워 현장에 나가 사용하기도 전에 포기하는 성도들이 많이 있습니다. 또한 비신자들을 만나서 막상 복음을 증거하려고 해도 어떻게 전해야 할지 막막할 때도 많이 있습니다.

그러나 사과 전도법은 예수님을 구주로 믿는 성도 중에 많은 훈련을 받지 않았어도 전도에 대한 열정만 있다면 누구나 할 수 있는 쉽고도 재미있는 전도입니다. 복음제시 또한 3분 안에 증거 할 수 있도록 메뉴얼화 되어있어서 1시간만 훈련을 받으면 바로 전도의 현장으로 갈 수 있는 가장 쉽고도 은혜로운 전도법입니다.

1 사과 전도는 비신자 **맞춤형** | Just for me 전도법입니다

사과 전도는 제일 먼저 비신자들을 사랑스런 사과로 보았습니다. 사과 전도는 나와 관계를 통해 전도대상자가 된 사람이나 거리에서 복음을 전하다가 만난 비신자들을 러브터치(사랑의 접촉)하는 것으로 시작합니다. 거리에서 만난사람이나 관계를 통해 아는 사람들 모두 러브터치(접촉)한 후, 완사(복음에 대해 완전히 열린 사람), 반사(복음에 대해 반쯤 열린 사람),풋사(복음에 대해 닫혀있는 사람)로 분류 합니다.

사과 전도는 보다 효과적인 전도를 하기 위해 파악한 비신자들 중 복음을 받아들일 가능성이 가장 짙은 완사를 우선적으로 전도합니다. 반사, 풋사들에게도 복음은 증거하지만 성급히 복음을 증거하는 것이 아니라 기도를 통해 사랑과 인내로 접근하여 여물기를 기다리다가 하나님이 허락하신 가장 적절한 시간에 복음을 증거하는 비신자 개인에게 맞춘 차별화된 맞춤형 전도입니다.

사과 전도 세종류 비신자

첫째 완사
– 복음에 대해 완전히 열려있는 사람

둘째 반사
– 복음에 대해 반쯤 열린 사람

셋째 풋사
– 복음에 대해 닫혀 있는 사람

2 사과 전도는 쉬운│Easy 전도법입니다

  예수님께서는 복음을 쉽게 제시했습니다. 어린아이나 엘리트층이 아니라도 누구나 다 들을 수 있게, 쉽게 말씀을 증거했습니다. 예수님께 복음을 들었던 수가성 여인은 많은 훈련을 거쳐 복음을 증거했던 것이 아니고 곧 바로 달려가 자신이 살고 있던 동네사람들에게 예수님에 대해 증거했습니다.

  복음은 쉽습니다. 예수님을 믿는 성도라면 누구나 증거할 수 있습니다. 어린아이나 노인이나 할 것 없이 누구나 전도 할 수 있습니다.

  아래에 있는 사과 전도 메뉴얼 대로 증거하면 누구나 다 할 수 있습니다.

사과 전도 메뉴얼 MOT 싸이클 15가지

  MOT,(Moment of Truth – 진실의 순간 – 비신자접점) 이 말은 중요하고 결정적인 순간을 뜻합니다. 이것은 스페인의 투우 용어(Moment De Ca Verdad)를 영어로 옮긴 것인데, 이 말은 투우사가 황소를 데리고 재주를 부리다가 마지막에 칼을 들어 황소의 정수리를 찌르는 순간을 의미합니다. 실패가 허용되지 않는 매우 중요한 순간을 뜻합니다. 복음전도에 있어서도 비신자들을 만나는 순간부터 복음을 제시하고 영접을 시킨 다음 그들과 헤어지는 순간순간이 모두가 너무 중요합니다.

1. 거리 및 관계 전도 준비

❶ 기본사항 체크

❷ 전도 물품 준비(전도지 및 선물)

❸ 성령님의 인도하심을 위해 기도

2. 전도 현장

❹ 적극적인 자세

❺ 누구를 만나든 미인대칭

❻ 영적 상태 파악 (완사,반사,풋사)

3. 복음 제시 (12구절)

❼ 하나님의 창조하심과 목적 (히3:4, 창1:27-28)

❽ 인간의 죄로 인한 심판과 지옥 (롬3:34, 히9:27, 막9:48)

❾ 예수님의 십자가 사랑 (요3:16)

❿ 믿음으로 인한 구원과 천국 (롬10:13, 요5:24)

⓫ 지금 영접 (잠27:1, 요1:12, 계3:20)

⓬ 연락처 확인 및 메모

⓭ 칭찬 및 인사

4. 전도를 마치고

⓮ 접촉한 사람들 중 전도대상자 명단작성

⓯ 전도 대상자들을 위한 구원기도

<사과 전도 3분 복음제시>

집 마다 지은 사람이 있는 것처럼 세상을 만드신 분은 하나님이십니다. 하나님은 남자와 여자도 만드셨고 행복한 삶을 살 수 있도록 모든 것을 만들어주셨습니다. 그러나 행복하게 살기위해 창조되었던 사람들은 죄로 인해 죽음을 가져왔고 그 후에는 영원히 지옥불 속에서 고통을 당할 수밖에 없는 존재가 되었습니다. 사람들을 너무나 사랑하시는 하나님께서는 우리를 그냥 버려둘 수가 없었습니다. 하나님께서는 우리를 지옥이 아닌 천국으로 인도하기 위해서 예수님을 이 세상에 보내주셨습니다. 예수님께서는 우리의 죄를 대신 지시고 십자가에서 죽으셨습니다. 그리고 삼일 만에 다시 살아나셨습니다. 이 예수님을 믿으면 우리는 지옥에서 영원히 고통 속에 사는 것이 아니라 영원한 천국에서 예수님과 함께 멋지게 살 수 있습니다. 심판과 구원 그리고 천국과 지옥이

우리 앞에 있습니다. 어디에서 영원을 보내시겠습니까? 선택은 이 순간
에 해야 합니다. 내일은 우리의 시간이 아니기 때문입니다.

저와 함께 기도합시다!

"하나님 저는 죄인입니다. 오늘 예수님께서 나의 죄를 대신 지시고 십
자가에서 죽으시고 다시 부활하신 것을 믿습니다. 오늘 예수님을 구세
주로 믿고 마음에 영접하겠습니다. 구원해 주신 것을 감사하며 예수님
의 이름으로 기도합니다. 아멘."

3 사과 전도는 재미있는 | Fun 전도입니다

　사과 전도는 편합니다. 요즘 인생도 경영도 편한 인생, 편한 경영이 성공하는 시대입니다. 사과 전도 또한 전도하는 사람이 즐겁고 기쁨 가운데 웃으면서 할 수 있습니다. 사과 전도는 전도하는 사람이나 전도 받는 사람이 즐겁고, 기쁨 가운데 전도할 수 있습니다. 대화나 전도지 또는 문서를 통해 접촉한 사람들에게 두 번째 만날 때에는 작은 선물을 가지고 가면 좋습니다. 이제는 접촉의 다음 단계로 거리에서든 관계이든 이제는 관계가 맺어진 사이입니다. 한번의 접촉을 통해 완사인지 반사, 풋사인지 점검이 끝난 사이이기 때문에 작은 선물을 통해 전도 되어집니다.

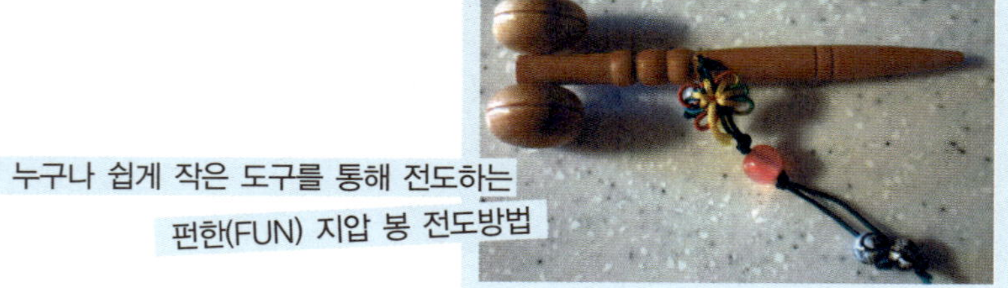

누구나 쉽게 작은 도구를 통해 전도하는
편한(FUN) 지압 봉 전도방법

　전도자 : "안녕하세요. 바쁘신가 봐요? 아무리 바빠도 선물 하나 받아가세요. 이게 뭔지 아세요?"

　대상자 : "글쎄요, 잘 모르겠는데요?"

　전도자 : "이것은요, 견적 3,000만원 나오는 얼굴이라 해도 일주일만 이것으로 얼굴 마사지 하면 얼굴이 달라지는 얼굴 마사지 하는 지압봉이에요. 한번 해보시겠어요? 한번 해보시죠. 확실히 주름이 퍼지고 얼

굴이 달라지는 것 같지 않으세요?"

　　대상자 : "……." (피식 웃으며 반신반의 하면서도 마음의 문을 연다.)

　　전도자 : "그리고 살이 찌면 얼굴부터 찌고 살이 빠질 때도 얼굴부터 빠진다고 하죠. 이것으로 마사지를 하면 얼굴의 지방을 분해 시켜주어서 볼 살이 쳐지거나 뭉치지 않고 작아지는 효과가 있습니다. 그리고 사각턱도 교정이 됩니다."

　　대상자 : (이때 계속 화를 내며 빨리 가야 한다든지 알았다고 하면 그냥 인사하고 보내면 된다. 바쁘다고 하는 사람 억지로 붙들고 있으면 오히려 역효과가 난다. 그때는 빨리 전도지를 들고 꼭 읽어 보라고 하면서 보내고 다음 전도자를 위해 준비한다. 그러나 계속 웃으며 전도자의 말에 집중할 때는 전도자가 완전히 주도권을 가지고 이야기 할 수 있고 복음을 전할 수 있게 된다.)

　　전도자 : "이 지압봉으로 더 중요한 것도 할 수 있어요. 저한테 손 한 번 줘보시겠습니까?" (전도자의 이야기를 듣고 시간을 내어 재미있게 들었다면 거의 100% 손을 내어주게 되어있다. 이때 전도자는 상대방의 손을 살며시 쥐고 계속해서 이야기를 한다. 첫 번째 중지의 맨 위를 찔러보며 아픈지 아프지 않은지 물어본다.)

　　대상자 : "아픈데요."

　　전도자 : "요즘 스트레스 받는 일이 있는가 봐요?(스트레스 안 받는 사람들이 요즘 어디 있을까?)" (이때는 중지 끝을 자극을 계속 주면 풀어진다. 그리고 가운데 손가락 윗부분을 누르면서 "여기는 어때요?"라고 물어본다.)

　　대상자 : "아픈데요."

　　전도자 : "그럼, 이 부분을 계속 자극을 주면 조금씩 좋아집니다." (손바닥 끝을 가리키며) "이곳은 어느 부분인지 아십니까?"

　　대상자 : "모르겠는데요."

　　전도자 : "변비를 치료할 수 있는 곳입니다. 한국 사람의 체질은 80~90%가 치질과 변비가 발병이 됐거나 발병할 확률이 있습니다. 이곳을 자극

하면 치료와 예방의 효과가 있습니다.”

　　대상자 : “너무 좋은 데요.”

　　전도자 : “잘 기억하실 수 있으시죠.”

　　대상자 : “잘 모르겠는데요.”

　　전도자 : “그래서 잘 기억할 수 있도록 제가 준비한 것이 있습니다. 제 이야기를 끝까지 들으면 활용할 수 있는 것을 드리겠습니다.” (그러면서 복음을 제시한 후 얼굴 지압 전도지와 손 지압 전도지를 주면 전도대상자가 놀라운 반응을 보이게 된다. 그럼 효과 만점이다. 절대로 버리지 않는다. 전도대상자는 웃으면서 “이것을 지금 주면 어떻게 해요. 일찍 주시지”란 반응을 보이게 된다. 웃고 시작해서 웃고 끝나니까 아주 부드러워진다.)

　　전도자 : “우리 몸의 건강은 이 지압봉으로 손바닥만 자극을 주어도 건강을 지킬 수 있습니다. 그런데 더 중요한 것은 우리의 마음, 영혼의 문제입니다. 우리 마음을 치료하기 위해 이 지압봉으로 우리의 가슴을 ‘꾹’(악센트를 주며 짧게 말한다. 대상자가 움찔할 정도로) 찌르면 될까요?”

　　대상자 : “아니요.”

　　전도자 : “우리 영혼의 문제는 나를 위해 이 땅에 오셨고 내 죄를 위해 십자가에서 모진 형벌을 받으시고 삼일 만에 부활하신 예수님을 믿으면 됩니다. 예수님을 믿으면 육신의 치료뿐만 아니라 영혼의 치료를 통해 영원한 생명을 누릴 수 있습니다. 저 따라 해보세요. ‘하나님, 저는 죄인입니다. 오늘 예수님을 구세주로 믿고 마음에 영접하겠습니다. 구원해 주신 것을 감사하며 예수님의 이름으로 기도합니다. 아멘.’” (자연스럽게 영접기도까지 할 수 있게 된다.)

　　“아주머니, 제가 아주머니와 가정을 위해 기도후원자가 되겠습니다. 주소와 전화번호를 가르쳐 주세요.” (자연스럽게 주소와 전화번호, 그리고 교회 나오겠다는 답을 얻게 된다.)

여기에서 끝나면 안 됩니다. 계속 대상자와 관계를 지속해야 합니다. 문자를 보낸다든지 성공플러스나 명품인생 또는 주보를 보내줌으로 관계를 계속 유지해 가야 합니다. 교회에 나오더라도 계속 관계를 가지면 좋습니다.

4 사과 전도는 이미지 | Image 전도입니다

사과 전도는 이미지를 중요시 하는 전도법입니다. 개인의 이미지와 교회의 이미지를 중요하게 생각합니다. 그러나 전도하는 전도자의 이미지를 중요시 여깁니다.

하나님은 우리의 중심을 보시지만 인간은 먼저 우리의 외모를 봅니다. 아무리 근사하고 알찬 선물이라도 초라한 포장지에 담겨 있으면 풀어보고 싶지 않습니다. 아무리 수십 년 동안 인품과 교양을 갈고 닦고 수천 권의 책을 읽었어도 다른 사람인 나의 첫인상을 판단하는데 걸리는 시간은 겨우 6초입니다. 6초면 그 사람의 얼굴 옷 말투나 행동 등에서 보이는 외형적인 것에 의해 모든 것을 결정합니다. 요즘 옛날과는 달리 이미지 컨설팅 회사들이 성업 중입니다. 현대인들이 많은 시간과 돈을 투자해서라도 이미지 향상에 관심을 기울이는 것은 그만큼 이미지가 사회생활에서 중요한 역할을 하기 때문입니다.

전도자의 이미지 또한 중요합니다. 가장 먼저 내 얼굴을 와이키키(웃는 모습)로 만들어야 합니다. 얼굴의 모습은 성형수술을 하기 전까지는 바꿀 수 없어도 더 중요한 표정은 얼마든지 바꿀 수 있습니다. 우리의 표정이 부드럽고 친근할 때 좋은 인간관계를 맺을 수 있습니다. 전도자에게 있어서 표정은 너무 중요합니다. 혼자 타고 있는 엘리베이터 안에 험한 표정을 가진 사람이 탔다면 같이 있는 동안 두려움에 떨 뿐 아니라 엘리베이터에서 빨리 나가고 싶은 생각이 들 것입니다. 반면에 호감이 가는 표정을 가진 사람이 탔다면 엘리베이터 안에서 그 사람과 함께 계속 있고 싶은 마음이 들 것입니다.

호감 가는 밝은 표정을 가진 사람의 주변에는 사람이 모이지만 나쁜 표정을 가진 사람에게는 사람을 아무리 원해도 모이지 않습니다. 웃는 사람들은 힘든 사람에게 힘을 주고 같이 일하는 사람에게 신뢰감을 줍니다. 그렇다면 좋은 표정을 만들려면 어떻게 해야 할까요? 좋은 표정은 미소로부터 시작합니다.

1 미소가 전도의 경쟁력입니다

요즘 좋은 표정을 만들기 위해 이미지 컨설팅회사에서 돈을 들어 컨설팅을 받고 미소 짓는 얼굴로 만듭니다. 웃는 연습에 시간을 많이 할애합니다.

일본 동경에는 미소만 전문적으로 가르치는 센터가 있습니다. 이곳에서는 미소의 종류를 3등급으로 나누는데 사진을 찍는다고 해서 웃는다고 웃었는데 무언가 어색하면 이것은 가장 낮은 등급인 3등급 미소입니다. 2등급의 미소는 눈과 함께 웃는 미소인데 눈과 입은 따로 움직일 수가 없기 때문에 눈이 웃으면 자연스럽게 입도 함께 웃게 됩니다. 마지막으로 1등급의 미소는 마음까지도 함께 할 수 있는 3박자 미소를 말합니다.

중국의 옛 속담에 "미소 없는 얼굴을 한 사람은 가게를 열지 말아라"는 말이 있는데 이 말은 미소의 중요성을 단적으로 잘 나타내주고 있는 말입니다.

그렇다면 천하보다 귀한 영혼을 얻기 위해서 웃는 나의 미소는 어떤 미소일까요? 한번 거울을 보고 나의 미소를 보시기 바랍니다. 비신자들의 영혼을 위해 우리도 자연스럽게 미소 지을 수 있어야 합니다. 아름답게 미소 짓는 성도들이 되어야 합니다.

내 얼굴이 살아있는 전도지가 되어야 합니다. 왜냐하면 어떤 전도지보다도 더 효과 있는 전도지가 바로 나의 얼굴이기 때문입니다.

〈성공하는 사람들의 웃음 만들기〉
: 의식적인 노력이 필요합니다.

보다 호감 가는 인상이나 밝은 이미지를 만들기 위해 스스로 노력해야 합니다. 그래서 매일 거울을 볼 때 마다 잠깐이라도 밝은 얼굴 표정을 연습하는 것이 좋습니다.

1. 미소를 생활화하는 방법을 당장 실시하라
- 상대방을 진심으로 좋아하려는 노력을 의식적으로 기울일 것.
- 사람과 사물에 대해서 의도적으로 긍정적인 면을 찾아볼 것.
- 맘에 들지 않은 사람에게도 반가운 미소를 보일 것. 그리고 그 미소가 이중적, 위선적인 태도가 아니라 자신의 인성이 성숙하고 관대하기 때문이라고 생각 할 것.

2. 성공적으로 제대로 잘 웃는 방법을 익혀라
- 양쪽 눈꼬리를 연결하는 선과 입 모양이 역삼각형을 이룰 때 가장 아름답다.
- 입꼬리를 최대한 귀밑까지 끌어올리며 웃을 것.
- 웃을 때 입술이 비뚤어지지 않도록 주의하고 반듯하게 대칭이 되도록 할 것.
- 때로는 큰 소리로 웃어 얼굴 근육을 크고 유연하게 만들 것.

3. 맑고 선한 눈매 만들기 운동을 하라
- 눈을 뜨고 눈동자를 좌우로 열을 세면서 둥글게 5~6회 굴린다.

4. 부드럽고 안정적인 눈매 만들기 연습을 하라
- 얼굴은 움직이지 말고 시선만 오른쪽 옆으로 옮겨 본다.

· 시선을 오른 쪽으로 옮기기 전에 앞쪽 아래를 쳐다본다.

· 다시 시선만을 오른쪽 옆으로 옮겨 본다.

5. 활기찬 표정을 위해 얼굴 근육을 올려줘라

· 얼굴 근육은 나이가 들수록 탄력을 잃고 아래로 쳐진다.

· 얼굴 턱과 양 귓가 사이에 양손을 받치고 양 눈썹 위쪽으로 얼굴을 밀어올려 줄 것.

· 많이 수시로 웃으면 얼굴 근육이 자연스럽게 올라간다.

6. 아침에 일어나면 거울을 보고 '비신자 사랑 선언'을 큰소리로 반복하라

· 예) 나는 내 주위에 있는 모든 사람들과 비신자들을 진정으로 사랑하며 복음을 전하는 이 시대 진정한 복음 전도자다.

7. 화가 나거나 불만스러울 때는 심호흡을 하고, '아, 에, 이, 오, 우'를 크게 반복하라

· 거울을 들여다보면서 자신이 만들 수 있는 표정을 다양하게 만들어 보고 멋있는 표정을 찾아낼 것.

· 인간의 얼굴에는 무려 80여개의 근육이 있어 7천 가지 이상의 표정을 만들 수 있다. 상황 별로 자신만의 독특하고 멋있는 분위기의 표정을 찾아내서 반복 훈련할 것.

2. 인사는 전도의 경쟁력을 높입니다

밝고 환한 미소가 체질화 되었다면 인사를 잘해야 합니다. 인사란 말 그대로 사람 인(人)과 섬길 사(事) 가 합쳐진 말로 사람이 마땅히 할 일이며 사람을 섬기는 일을 뜻합니다. 따라서 인사란 모든 일의 시작이며 끝이며 모든 일 중에 으뜸입니다. 또한 스스로 낮추며 남을 높이는 인사를 통하여 사람다운 사람이 될 수 있습니다. 사람은 누구든지 사람을 처음 만나면 인사로 서로의 관계를 시작합니다. 우리가 인사를 하는 것은 예절 중에 가장 기본이 되며 인사는 다른 사람과 관계를 여는 열쇠와 같습니다. 인사는 전도에 있어 최고의 경쟁력입니다. 인사는 너무나 일상적인 일이지만 이 속에 전도의 비밀이 담겨져 있습니다. 전도자는 인사를 전도관계를 만들어 주시는 하나님의 선물로 생각하고 상냥하고 친절하게 인사해야 합니다.

〈인사의 중요성〉

❶ 상대방의 인격을 존중하는 경의 표시
❷ 정성의 마음으로 하는 친절과 협조의 표시
❸ 응답보다는 자기가 하는데 의의
❹ 원만한 대인관계 유지와 전도의 시작을 위해

〈인사의 일반적인 요령〉

❶ 표정은 부드럽고 밝게 한다
❷ 시선은 존경심과 애정 어린 눈으로 상대를 바라 본다
❸ 고개는 반듯하게 든다

❹ 턱은 자연스럽게 당긴다

❺ 어깨의 힘을 빼고 편안한 자세를 취한다

❻ 무릎, 등, 허리는 곧게 편다

❼ 입은 다소곳이 다문다

❽ 양손은 둥글게 쥐어 바지 옆 재봉 선에 붙인다

❾ 발꿈치는 서로 붙인다.

〈인사하기 바로 전의 자세〉

❶ 상체를 숙일 때 시선은 발끝에서 약 1m 앞에 머물도록 하고 인사 전, 후로 상대의 시선에 부드럽게 초점을 맞춘다

❷ 머리만 숙이지 말고 허리와 일직선이 되도록 상체를 숙인다.

❸ 다리를 가지런히 하고 무릎 사이는 가능한 붙인다.

❹ 손은 양옆에 붙인 채 몸을 자연스럽게 따라 숙인다. 숙일 때보다 조금 느린 속도로 몸을 일으켜 다시 상대방의 눈을 본다.

❺ 주고받는 인사말은 "안녕하세요? 반갑습니다!"가 좋다.

인사의 여러가지 방법

- 만나는 사람에게 미소 띠며 인사 한다.
- 매일 집을 나서며 처음 만나는 다섯 사람에게 인사한다.
- 전도대상자에게 문자메시지나 전화로 안부를 물으며 인사한다.
- 나보다 어린 사람이나 직책이 낮아도 먼저 본 내가 인사한다.
- 인사해도 별 반응이 없어도 실망하지 않고 계속 인사한다.

5 사과 전도
열린 상태에 따른 맞춤 전도 전략

전도 대상자의 영적 상태를 파악하지 않고 하는 일방적인 전도는 효과적인 전도방법이 아닙니다. 전도대상자의 영적 상태와 관계없는 "모 아니면 도"식으로 하는 전도는 오히려 교회와 복음에 대해 부정적인 이미지를 줄 수 있습니다. 사과 전도는 전도 대상자들에게 몇 가지 열린 질문을 통하여 그들의 현재의 영적 상태를 먼저 파악합니다.

> 1. 예수 믿으시죠?
> 2. 교회에 다녀보신 적은 있으세요?
> 3. 식구들 중에 예수님을 믿는 분이 있으시죠?
> 4. 우리 교회에 초청하고 싶은데 가실 거죠?
> 5. 제가 당신을 위해 기도하고 있습니다.

이런 질문을 한 후 상대방의 대답과 그 사람의 얼굴을 살펴보면 어느 정도의 파악이 가능합니다. 접촉을 통해 영적 분류가 끝난 사람들에게 그 사람들에게 맞는 맞춤 전도를 실시합니다. 사과 전도는 이 세 종류의 비신자들을 전략적으로 접근합니다. 먼저 완사를 중심으로 접근합니다. 그렇다고 풋사를 외면하는 것은 아닙니다. 풋사는 여리고의 장벽과 같기에 그의 마음을 부수기 위해서는 우리의 힘으로는 안됩니다. 성령님의 도우심이 있어야 합니다. 우리가 하나님께 기도할 때 하나님은 아무리 풋사라 할지라도 무너뜨려 주십니다. 우리가 종종 '저 사람이 어떻게 예수를 믿었을까?' 하는 사람들이 주님의 자녀가 되어 열심히 신앙 생활 하는 사람들이 있습니다. 그러기에 우리는 다만 주님의 명령에 순

종하여 나가면 시간은 좀 걸릴 수 있으나 풋사나 반사나 완사들이 전도
되어 영혼의 사과 열매로 주렁주렁 맺게 될 것입니다.

1. 완사 맞춤 전도

　비신자와 접촉을 하다보면 의외로 적극적으
로 교회와 예수님에 대해 물어오는 사람이 있습
니다. 그리고 주위 사람들 중에서 교회에 가보고
싶다고 말하는 사람도 있습니다. 복음을 수용합
니다. 이런 사람들을 완사라고 할 수 있습니다. 이런 사람들은 복음에
목말라 있는 사람입니다.

　예수님께서 전도한 사람 중에 완사로 볼 수 있는 사람은 수가성 여인
입니다. 요한복음 4장에서 예수님께서 영적인 굶주림에 있던 이 여인에
게 복음을 전했을 때 이 사람은 자신뿐만 아니라 바로 자신의 동네로 가
서 동네 사람들에게 예수님을 증거하고 동네 사람들을 이끌고 예수님께
로 바로 달려왔습니다.

　이런 사람들은 바로 복음을 제시해도 괜찮습니다.

　며칠 전에 기독교에서 말하는 은혜가 뭐냐고 묻는 자매가 있었습니
다. 그래서 앉을 수 있는 마땅한 장소가 없어서 주차장에서 복음을 전했
습니다. 내가 늘 가지고 다니는 3분 복음 제시 전도지를 통해 예수님의
십자가 보혈에 대해 증거했습니다. 하나님은 자매님을 사랑하십니다.
그 하나님은 온 우주만물을 지으신 하나님이십니다. 자매님이 은혜가
무엇인지 마음에 갈증을 일으킨 것도 하나님께서 자매님을 사랑하셔서
마음에 갈증을 주신 것입니다. 예수님을 믿으면 하나님께서 자매님에게
은혜를 베풀어 주실것입니다. 그리고 함께 예수님을 구세주로 고백하며

영접했습니다. 이 사람도 완사입니다. 전도를 하다보면 의외로 완사들을 발견할 수 있습니다. 완사는 수많은 전도자들이 거쳐 갔거나 해서 이제는 거의 전도의 문이 열린 사람을 말합니다. 이런 분들에게는 기독교 서적이나 찬양테이프 또는 간증테이프를 선물하고 자주 접촉하며 선물을 나누며 함께 식사를 하고 기도하며 복음을 제시하면 머지않아 교회로 전도될 수 있는 사람입니다.

완사들에게는 적극적으로 다가가는 것이 필요합니다.

"이번 주일에 뭐하세요?"

"제가 다니는 교회에 초청하고 싶은데 가시죠!"

"제가 믿는 예수님을 소개해도 괜찮겠죠?"

아직까지 곳곳에 기독교에 대해 그리고 예수님에 대해서는 잘 모르지만 하나님에 대해 마음이 열려있는 사람들을 전도하다보면 발견하게 됩니다. 전도자가 복음을 가지고 하나님에 대해 열려있는 사람들에게 복음을 전하게 될 때 그들 중에 대다수의 사람은 바로 예수님을 영접합니다. 그리고 교회로 전도됩니다.

▌2. 반사 맞춤 전도

반사인 비신자들의 특징은 교회와 교인에 대해 불만이 없습니다. 교회에 자녀들이 다니거나 배우자가 다니는 것을 반대하지 않습니다. 그러나 이들의 특징은 자신에게는 전도하지 말라고 합니다. 그러나 이 사람들도 마음이 많이 열려 있는 사람입니다. 그리고 어린 시절에 교회를 어느 정도 다닌 경험이 있습니다. 전도자보다 성경적인 외적인 지식은 더 많을 수도 있습니다. 안다고 생각하기

때문에 완사보다는 전도가 조금 더 어려울 수 있습니다. 이런 사람들에게는 전도자와 교회의 이미지가 무척 중요합니다.

자주 접촉해서 기회가 주어지는 대로 자신이 예수 믿어서 너무 행복한 점과 좋은 점을 물어보지 않아도 이야기 하는 것이 좋습니다. 그리고 교회에서 하고 있는 선한 섬김의 일들을 자랑하는 것이 중요합니다. 일명 브랜드 전도라고 할까요? 이런 간접적인 전도가 반사들에게는 교회를 새롭게 인식하는 기회가 되고 전도자들의 진솔한 삶의 간증이 반사들을 예수님의 품으로 인도할 수 있습니다.

3. 풋사 맞춤 전도

풋사는 복음을 거부하는 사람입니다. 우리 주위에 아니면 내 가족 중에 있는 어떤 사람일 수 있습니다. 남편이나 자녀일 수도 있고 가까운 친척이나 함께 운동하는 친구들일 수도 있습니다. 다른 이야기는 모든 것이 통하는 것 같은데 예수님에 대한 이야기만 나오면 침을 튀기면서 반대합니다. 운동이나 다른 대화를 하면 그렇게 좋은 사람들인데 교회나 예수님에 대해 이야기 하면 얼굴을 붉혀가면서 반대합니다. 아예 들을려고도 하지 않습니다. 자기가 예수님을 믿으면 손에 장을 지진다는 우리나라 속담을 가지고 이야기 할 정도로 매우 거세게 반대합니다.

그렇다면 이런 사람들을 어떻게 전도해야 할까요?

포기해야 할까요? 그렇지 않습니다. 저들 또한 구원받아야 할 사람들입니다. 불가능한 것일까요? 그렇지 않습니다.

풋사들도 완사와 반사와 마찬가지로 그들의 영혼을 위해 기도하는 것이 가장 중요합니다. 기도로 풋사 전도를 시작합니다. 그리고 풋사 들에게 있어서는 전도 타이밍이 중요합니다.

1. 심각한 결혼 생활의 문제나 이혼 절차를 밟고 있는 사람들
2. 인생 회복의 필요를 느끼는 사람들
3. 신생아와 문제아의 부모들
4. 장애인과 불치의 병에 걸린 사람과 그 가족들
5. 사업의 실패로 인해 재정적인 어려움을 겪고 있는 사람들
6. 실직으로 인해 물질적인 어려움에 빠진 사람들
7. 동네에 새로 이사 온 사람들
8. 삶의 여러 가지 문제로 인해 외로움을 느끼는 사람들
9. 여러 가지 사고로 인해 어려움 속에 있는 사람들
10. 가까운 친구의 죽음으로 인해 힘들어 하는 사람들

이들에게도 전도를 멈춰서는 안됩니다. "내가 예수 믿으면 내 손에 장을 지진다"하는 사람들이 지금 교회 안에 얼마나 많이 있는지 모릅니다. 그들에게 진지하게 복음을 전하면 "듣지 않겠다, 그만하라"고 말은 하지만 그 속에 복음의 역사는 일어납니다. 자신과 자신의 가정에 어떤 변화가 일어날 때 흔들리게 됩니다. 그때 복음을 들려주면 아무리 완악한 풋사라 할지라도 하나님의 품으로 "잘못 했습니다"라고 고백하며 돌아올 수 있습니다.

그러나 완사이긴 하지만 머뭇거리는 사람이 있습니다. 거의 다 여문 사과라 할지라도 태풍이나 강한 바람으로 인해 떨어져 나갈 수도 있습

니다.

　그리고 반사나 풋사를 전도하는 것은 쉽지 않습니다. 그러나 하나님은 하실 수 있습니다. 예수님을 믿는 사람을 죽이려고 했던 그리고 스데반이 돌에 맞아 순교할 때 죽음의 현장에서 그들의 옷을 맡아있었던 사울 같은 풋사과도 하나님은 변화시켜서 복음전도의 첨병으로 사용하셨습니다.

　우리는 어떤 영혼이라 할 지라도 그 영혼을 위해서 간절히 기도하는 것이 중요합니다. 그리고 좋은 관계를 계속 맺어야 합니다. 너무 성급하게 생각하지 말고 시간을 두고 충분히 서로의 관계를 세워 나가야 합니다. 예수님의 사랑을 전하는 통로가 되어 그 사랑과 섬김을 충분히 전해야 합니다. 필요에 따라서 우리의 물질을 복음전도를 위해 사용해야 합니다.

|적용과 실천|

1. 내 주위에 완사라고 생각되는 사람은 누구인가?
（1명을 적어보세요.）

2. 내 주위에 반사라고 생각되는 사람은 누구인가?
（1명을 적어보세요.）

3. 내 주위에 풋사라고 생각되는 사람은 누구인가?
（1명을 적어보세요.）

5 사과 전도 맞춤 접촉 방법

집에 앉아서는 결코 영혼을 구원할 수 없습니다. 사과 전도는 전도의 현장에 갔을 때 네 가지의 접촉하는 방법을 가지고 시작합니다. 효과적인 전도를 위해서는 전도의 계기가 되는 전도 접촉점이 중요합니다. 사과 전도에서는 전도자 자신이 가장 잘 할 수 있는 방법과 가장 좋아하는 방법으로 접촉합니다. 접촉 또한 맞춤 접촉입니다. 전도자 개개인이 가장 잘 할 수 있는 방법이 어떤 것인가를 알고 접촉하면 가장 좋은 전도의 열매를 맺을 수 있습니다.

1. 사과 전도 러브 터치 대화로 하는 접촉 방법

사과 전도에 있어서 러브 터치(사랑의 접촉)는 중요합니다. 관계전도이건, 거리전도이건 러브 터치는 효과적인 전도를 하기 위해서는 필수적입니다.

많은 성도들이 교회에서 하는 총동원 주일이나 태신자 전도주일, 또 많은 이름을 가진 전도대회에서 실패한 이유는 비신자들과의 접촉 없이 머리에서 생각나는 사람들을 위주로 자신의 전도 대상자로 기록했기 때문이었습니다. 나도 전도주일을 앞두고 얼굴과 이름 정도만 알고 있었던 주위 분을 전도대상자라고 적어 내었던 적이 있었습니다. 다른 성도님들은 다 적어 내는데 나도 체면도 있고 해서 세 명의 이름을 적어 낸 적이 있었습니다. 그러나 새벽마다 기도는 했지만 한 번도 이름만 적어

낸 전도대상자들을 접촉하지 않고 전도주일을 맞이했을 때 그들은 당연히 오지 않았습니다. 그러나 전도 주일이 지나자 부담감에서 벗어나 또 다음 해가 되었을 때 비슷한 상황에서 보낸 적이 있었습니다. 이런 방법이 해마다 되풀이 되었습니다. 이런 현상은 우리 교회 뿐만아니라 한국 교회들의 일반적인 모습이었습니다.

이제는 이런 식의 방법은 다시 생각해 봐야 합니다. 이렇게 전도대상자를 적어서는 또 실패할 수밖에 없습니다. 가장 가까운 사람이라 할지라도 전도 대상자로 삼으려면 그 사람의 영적인 상태를 먼저 파악해야 합니다. 어떻게 파악할 수 있습니까? 그것은 그 사람과 접촉을 해야 합니다. 접촉해 보면 그 사람을 알 수 있습니다. 아무리 가까운 사이라도 복음의 메시지를 들고 접촉해 보지 않으면 그 사람의 영적 상태를 잘 알 수 없습니다.

접촉하면 그 사람에 대해 알 수 있으며 내가 전도하려고 하는 한 사람 한 사람에 대해 어떻게 접근해야 할 것인 지에 대한 답이 나옵니다.

〈첫번째 러브터치 사랑의 접촉〉

1) 반갑게 인사

"안녕하세요?"

2) 기분 좋은 대화 10초 미만

"인상이 너무 좋으시네요. 어쩜 눈이 그렇게 맑을 수가 있어요!"

3) 신앙생활 유무확인 및 교회 출석 여부 확인

"예수님 믿으시죠? 우리가 흔히 하는 첫 번째 질문인 "지금 죽으면 천국 갈수 있습니까?"라든지 예수 믿습니까? 라는 말보다는 "선생님 예수 믿으시죠!"라는 열린 언어로 가까이 다가가는 것이 훨씬 좋습니

다. 이 말은 전도 해 보신분만 알 수 있습니다. 지금 다같이 한번 해볼
까요?

"선생님 예수님 믿으시죠?"

"아주머니 어느 교회 나가세요?" "주일에는 뭘 하세요?"

4) 교회자랑 10초미만

"우리 교회는 정말 좋아요! 우리 교회 한번 꼭 와 보세요."

5) 전도 대상자로 확인이 될 경우 전도 대상자를 품고 기도를 시작
합니다.

"제가 오늘부터 당신을 위하여 열심히 기도하겠습니다."

6) 전도 통장 및 개인전도 기록 수첩에 기록(**통장이나 수첩이 꼭 필요**
합니다).

〈두번째 러브터치 사랑의 접촉〉

1) 반갑게 인사

"어머, 여기서 또 만나네요. 별일 없으셨죠? 오늘은 더 젊어 보
이시네요!"

2) 기분 좋은 대화 10초미만

"아주머니는 언제 만나도 너무 반가워요." 두 번째 만남일 때는
처음 만남보다는 어색하지 않습니다. 미소를 짓고 인사하며 다가가 "요
즘 얼굴이 편안해 보이세요! 요즘 행복하시죠!"라고 말 합니다

3) 교회 자랑(목사님 자랑) 10초미만

"우리 목사님은 얼마나 좋은지 몰라요! 우리 교회 한번 꼭 와 보
세요."

4) 계속 기도

　　이때 상대방이 좋은 반응을 보이든 무관심하게 대응하든 한 번 더 사랑의 메시지를 던집니다. "제가 선생님을 위해 열심히 기도하고 있거든요!"

　5) 개인 전도통장에 새로운 정보를 기록

〈세 번째 러브터치 사랑의 접촉〉

　1) 정말 반갑게 인사

　　"어머! 또 만났네요! 어떻게 이렇게 우리 자주 만나죠!" 그러면 상대방도 빙긋이 웃습니다.

　2) 기분 좋은 대화

　　"요즘 일이 잘 되시나봐요! (얼굴을 봐가면서!) 제가 당신을 위해 계속 기도하고 있거든요!"

　3) 결단시키기

　　"예수님이 아주머니를 너무 사랑하세요! 이제는 믿어야 합니다! 예수님만이 우리 인생의 해답이 되십니다." 세 번째 만남에서는 결단을 촉구해야 합니다. 하나님께 맡기고 담대하게 증거해야 합니다.

|적용과 실천|

거리에 나가 매일 10분씩 3명에게 대화 접촉법을 가지고 전도하기

2. 사과 전도 러브 터치 전도지와 함께 하는 방법

사과 전도에서는 접촉할 때 입으로만 하는 것이 아니라 전도지와 함께 접촉 합니다. 교회 주소와 복음에 대해 접근하는 내용의 문구가 적혀진 전도지를 들고 접촉합니다. 한 종류의 전도지가 아닌 4종류의 전도지를 들고 나갑니다. 한 종류만 준비하면 어떤 사람에게는 한번 밖에 찾아갈 수가 없기 때문입니다. 전도지를 나누어주면 접촉하려 할 때 "지난번에 받았는데요." 라고 대답하면 그 다음에 할 말이 없어집니다. 그 때 다른 전도지를 가지고 건네주면서 "이건 지난번 거와 다른 겁니다. 읽어보면 놀라운 사실을 발견할 수 있을 겁니다."하고 건네주면 안 받을 수가 없습니다.

그리고 전도지도 일반적으로 평범한 것보다는 가만히 들고만 있어도 비신자들이 다가와 한 장 주실 수 없느냐고 물어오는 전도지가 좋습니다. 처음엔 목사인 내가 볼 때 은혜가 되는 전도지를 들고 나가 전도했습니다. 나는 너무 마음에 들어, 나가 전도했지만 비신자들은 보지도 않고 쓰레기통이나 한 곳에 쌓아놓은 것을 보았습니다. 속으로는 마음이 아팠지만 왜 저들이 이렇게 좋은 것을 모를까만 안타까워하며 계속 일반적인 전도지를 들고 접촉했습니다. 얼마동안 계속 그렇게 전도했습니다. 일단 전도지를 들고 버리지만 않아도 좋으련만 많은 전도지들이 길거리에 내 버려져 있었습니다. 그래서 이래서는 안되겠다 생각하며 하나님께 아이디어를 구했습니다. 모든 지각에 뛰어나신 하나님께서 저에게 좋은 아이디어를 주셨습니다.

현대인들의 키워드는 건강이라는 사실을 알았습니다. 그래서 복음과 건강이 담긴 전도지를 만들자 생각하고 건강 전도지, 웰빙 전도지를 만들었습니다.

효과는 너무 좋았습니다. 러브 터치 할 때, 대화로만 터치 하는 것이 아니라 이제는 그들의 건강을 가지고 터치하니 전도지도 버리지 않았을 뿐 아니라 접촉하는 것이 너무 편했습니다. 웃으면서 할 수 있었습니다. 그리고 버리지 않을 뿐 아니라 집으로 가지고 가는 전도지가 되었습니다.

*전도지 전도의 중요성

주일 오후가 되면 늘 거리로 나가 지나가는 사람들에게 전도지를 나누어 주는 한 그리스도인이 있었습니다. 그런데 비가 억수같이 쏟아지던 어느 주일 오후, 몹시 피곤했던 그는 자기 집 서재에서 조용히 쉬고 있었습니다. 그 때 그의 11살 된 아들이 아버지가 집에 계신 것을 보고 놀라며 물었습니다.

"아빠, 오늘은 왜 전도지를 나누어 주러 가지 않으세요?" "비가 너무 많이 오고 있구나." 그는 가볍게 대답했습니다. "아빠, 그럼 비가 오는 날에 하나님께서 사람들을 구원하시지 않으시나요?"

놀란 그는 아들에게 설명을 해주었습니다. "비가 너무 많이 내릴 때에는 거리에 사람들이 별로 없단다. 게다가 나는 지금 몹시 피곤하거든." "아빠, 그렇다면 제가 아빠 대신 나갈까요?"

아들의 진지한 모습을 본 그는 전도지를 주며 다 나눠준 후 곧장 집으로 돌아오라고 주의를 주었습니다. 그러나 전도지를 나누어 주는 데에는 오랜 시간이 걸렸습니다.

마침내 소년의 손에 한 장이 남게 되어 그는 가장 가까운 집을 찾아가 문을 두드렸습니다. "누구시죠?" 몹시 침통한 표정의 나이 많은 여인이 문을 열었습니다. 소년은 얼굴에 큰 웃음을 띠고 공손히 말했습니다.

"미안해요. 아주머니, 저는 아주머니께 이 전도지를 전해드리러 왔어요."

그리고 다음 주일 예배 시간에 찬송과 기도 후 목사님께서 주님의 은혜를 간증하고 싶은 분이 계시냐고 물었습니다. 그 때 한 나이 많은 여인이 일어났습니다. 그녀의 얼굴에는 하늘의 빛이 감돌고 있었습니다.

"저는 남편과 아들을 잃어버린 후 인간의 모든 고통을 맛보았습니다. 오랜 갈등 후 저는 자살을 결심했습니다. 비가 많이 오던 주일 밤, 목을 맬 준비를 하고 있는데 갑자기 문을 두드리는 소리가 났습니다. 문을 열어보니 거기에는 생기발랄한 작은 천사가 서 있었습니다. 그는 저에게 전도지 한 장을 주었습니다. 그것을 읽으면서 저는 하나님께서 저를 저버리지 않으셨다는 것을 알았습니다. 그래서 오늘 저는 교회에 나왔습니다"

할렐루야!

 |적용과 실천|

매일 전도지 10장씩 들고 나가 거리 전도하기

▌3. 사과 전도 러브 터치 전도 문서로 접촉 하는 방법

사과전도의 러브 터치에 있어서 가장 중요한 역할을 하고 있는 접촉 중에 놀라운 효과가 있는 전도문서는 바로 성공플러스와 명품인생입니다. 2003년부터 시작한 성공플러스와 2005년 시작한 명품인생은 지금 전국의 40여 교회에서 실제로 부흥의 역사를 맛보고 있는 전도 잡지입니다.

이 전도 잡지는 먼저 나누어 주는 전도자들에게 대단한 호평을 받습니다. 전도지는 나누어 주는 사람들이 즐겁게 나누어 줄 수 있어야 하는데 이 전도지야 말로 이 시대 전도에 있어서 가장 필수적인 전도지라 할 수 있습니다.

"목사님 저는 천주교 신자인데 성공플러스 내용이 너무 좋아 교회에 왔어요." 이 성도는 성공플러스를 통해 우리 교회에 등록했습니다. 이런 예들이 전국의 많은 교회들에게서 연락이 옵니다. 이 전도지를 통해 실제적인 부흥이 일어나는 교회들이 많이 있습니다. 지금 전국과 미국의 교회까지 40여 교회가 동참하고 있는데 꾸준히 하는 교회는 모두 전도의 열매가 맺히고 있습니다.

〈월간전도잡지 : 성공플러스〉

▌4. 사과 전도 러브 터치 전도 플러스 통장에 기입 하는 방법

사과 전도에서는 비신자들을 접촉할 때 함께 가지고 가는 것이 있습니다. 그것은 전도 통장입니다. 전도 통장은 매일 전도한 것을 체크 할 수 있는 내용이 담겨있습니다. 처음에 나도 전도 수첩을 가지고 다녔더니 너무 무거워서 은행통장보다 더 아름답게 통장을 만들었습니다. 매일 전도지를 들고 나가 접촉할 때 1월부터 12월까지 월별로 기록되어 있는 통장에 내가 나누어 준 전도한 사람과 나눠 준 전도지 장 수를 적었습니다. 그 때 복음에 대해 열려있는 완사를 발견하면 한 달에 7명을 적을 수 있는 전도 대상자란에 그 사람의 이름과 주소를 따로 적습니다. 그리고 그 사람은 거리에서 만난 사람이라 할 지라도 관계가 맺어졌기 때문에 그 자리에서 복음을 제시해서 교회로 전도하든지 아니면 관계를 가지고 교제하는 중에 교회로 전도할 수 있었습니다.

<전도 통장이 주는 유익한 점>

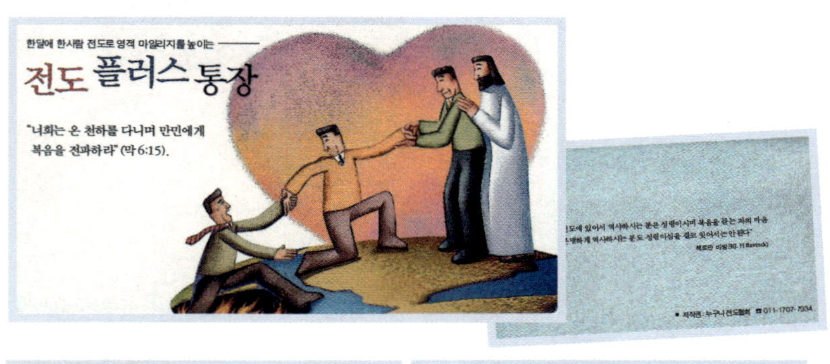

수천억 원이 들어있는 통장보다 한 영혼이 천하보다 귀하다는 말씀을

깨달으며 전도 통장에 기록되어 있는 전도 대상자의 영혼이 더 귀하게 보였습니다. 전도 통장은 전도를 실질적으로 잘 하기 위해 만들었습니다. 서울 승동교회 전도 부흥회를 인도하던 도중 목사님과 장로님에게 전도통장을 선물했는데 목사님께서 "이 선물은 로또 복권에 일등 당첨된 것보다 더 큰 선물입니다"라고 했습니다. 그렇습니다. 내 전도통장에 전도 접촉자와 전도 대상자의 이름이 기록될 때마다 영적인 마일리지 점수가 쌓여갑니다.

 **|적용과 실천|**

전도통장에 매일 기록하고 점검하기

사과 전도 행동력 강화를 위한 10가지 원칙

1. 기도하며 영적 의지력을 강화한다

모든 전도에 있어서 기도가 우선되어야 합니다. 기도하며 전도할 때 두려움도 없어지고 열매를 맺게 됩니다.

2. 넘쳐흐르는 실행력이야 말로 전도를 향한 최고의 관문이다

전도의 현장에 나가야 합니다. 현장이 없는 전도자는 몽상가에 불가합니다. 지금 나가야 합니다. 우리에게는 '내일이 없다' 라는 마음의 다짐을 하고 지금 나가야 합니다.

지/금/하/라

일이 생각나거든 지금 하십시오.
오늘은 하늘이 맑지만 내일은 구름이 보일는지 모릅니다.
어제는 이미 당신의 것이 아니니 지금 하십시오.
친절한 한 마디가 생각나거든 지금 말하십시오.
내일은 당신의 것이 안 될지도 모릅니다.
사랑하는 사람이 언제나 곁에 있지는 않습니다.
사랑의 말이 있다면 지금 하십시오.
미소를 짓고 싶거든 지금 웃어주십시오.
당신의 친구가 떠나기 전에 장미가 피고
가슴이 설레일 때 지금 당신의 미소를 주십시오.
불러야 할 노래가 있다면 지금 부르십시오.
당신의 해가 저물면 노래 부르기엔 너무나 늦습니다.
당신의 노래를 지금 부르십시오.

–찰스 하돈 스펄전(C. H. Spurgeon)

3. 계획을 시각화한다

요즘 서점에 경영서적에서 '보물 상자'가 베스트셀러입니다. 이 책은 자기가 이루어야 할 것들을 눈에 띄게 시각화한 것입니다. 사과 전도 또한 마찬가지입니다. 전도는 보물 지도보다 더 중요합니다. 하나님께 한 영혼을 드리는 것은 세상에 있는 어떤 보물보다 더 소중한 것입니다. 전도는 보물찾기보다 더 중요합니다. 어릴 때 소풍 갔을 때 보물찾기에서 번호가 적힌 종이를 들고 기뻐해 본적이 있습니까? 전도는 하나님의 보물찾기입니다.

사과에 전도대상자를 적어놓고 항상 눈에 보이게 가지고 다녀야 합니다.

4. 내게는 항상 기회만 있다

성도라면 누구에게나 전도의 기회는 항상 있습니다. 전도는 타이밍입니다. 타이밍을 놓치면 안됩니다. 전도의 기회는 항상 있습니다.

5. 보는 각도를 달리하면 세계가 달라진다

무엇을 보고 누구를 만나느냐에 따라 세상이 달라집니다. 항상 전도대상자를 봅시다. 어느 보험왕은 아파트 베란다에서 주차장을 내려다보며 이 차 중의 절반이 내 고객이 되었으면 좋겠다고 생각하였습니다.

6. 쉽고 소중한 사람부터 시작한다

전도는 먼저 완사부터 합니다. 전혀 먹혀들어가지도 않을 풋사를 전도하다가 실망하지 말고 어린이로부터 나에게 관심이 많은 사람들을 중심으로 소중한 가족과 이웃들을 중심으로 전도해야 합니다.

7. 계획을 세울 때는 구체적인 숫자를 활용한다

전도에 있어서도 구체적인 계획이 필요합니다. 하루 전도지 10장, 하루 10명 만나기 운동, 하루 10분 등 구체적인 계획이 필요하고 구체적인 숫자를 활용하는 것이 좋습니다.

8. 평론가는 아무것도 할 수 없다

입으로만 하는 평론가는 아무것도 하지 못합니다. 다른 사람이 전도를 하건 안하건 평론하지 말고 내가 나가 전도합시다.

9. 종이 한 장의 차이가 천리의 차이가 된다

사과에 적은 한 장의 전도대상자, 통장에 적은 전도대상자가 나의 일생을 바꾸는 축복의 종이요, 통장이 될 것입니다.

10. 행동의 가치는 그 결과에 대한 선악의 의무다

전도는 행동입니다. 손과 발과 선물이 동시에 움직여야 합니다. 행동하는 자만이 맛있고 아름다운 영혼의 사과를 하나님께 드릴 수 있습니다.

“나가면 있고 안 나가면 없다.”

“더 가면 있고 가지 않으면 없다.”

“터치하면 있고 하지 않으면 없다.”

사과 전도 러브 터치······ 까지 전도방법

사과전도 러브터치 7단계 전도 방법

사과 전도에서는 완사 반사 풋사의 영혼을 위해 동일하게 사과 전도 7단계를 가지고 전도합니다.

00 시작단계 : 씨앗심기 및 접붙이기 (사과전도 두가지 방법)

"나는 포도나무요 너희는 가지니 저가 내 안에, 내가 저 안에 있으면 이 사람은 과실을 많이 맺나니 나를 떠나서는 너희가 아무것도 할 수 없음이라" (요 15:5)

사과를 얻기 위해서는 두 가지 방법이 있습니다. 하나는 씨앗을 심어서 거두는 것이 있고, 또 하나는 접붙이기를 통해서 사과를 거둡니다. 그런데 씨앗을 심는 방법은 오랜 시간이 지나야 합니다. 오랜 시간이 지나서 얻은 사과 열매도 우리가 먹기에 적합한 사과가 열리지 않습니다. 사과가 달려도 조그만 사과가 달립니다. 그러나 접붙이기를 통해 영양번식을 하게 되면 시간을 단축시킬 수 있습니다. 그리고 우리가 먹기 좋은 사과의 열매가 달립니다.

전도에서도 크게 두 가지 방법으로 나눌 수 있습니다. 씨앗을 심어 거두는 것은 노방전도로 볼 수 있습니다. 노방전도는 개인이나 소그룹이 거리에 나가 하는 거리전도나 집집마다 다니며 복음을 전하는 축호전도 등을 포함한 전도인데 이것은 씨앗을 심는 전도와도 같습니다. 또하나 관계전도인데 이것은 접붙이기를 통한 방법과 같습니다. 이 방법은 씨앗을 심는 방법보다 사과의 열매를 얻는데 좀 더 효과적이고 빠르게 열매를 얻을 수 있습니다.

그러나 관계전도가 이 시대의 전도에 있어 필요한 전도요, 중요한 전도지만 관계전도와 함께 노방전도 축호전도 또한 매우 중요합니다. 어느 한쪽만이 중요하다고 해서 다른 한쪽을 놓치면 안됩니다. 둘 중에 어느 한쪽만을 강조하며 나가는 전도는 교회의 부흥은 물론 하나님 나라의 확장을 더디게 만듭니다.

거리에 나가 하는 노방전도는 지역의 많은 사람들에게 예수님을 만날 수 있는 접촉점을 갖게 합니다. 어느 특정한 사람이 아니라 하나님이 나에게 보내주시는 수많은 사람들을 향해 전도지를 나누어 주고 예수님과 교회를 소개합니다.

노방전도는 물고기를 잡기 위해서 밑밥을 던지는 것이라면, 관계전도는 낚싯대를 내려놓고 밑밥 때문에 몰려든 물고기를 정확하게 잡는 것입니다. 이 두 가지 전도 방법은 서로를 떼려야 뗄 수 없는 전도 방법입니다. 서로 조화를 잘 이루어야 합니다. 거리에 나가 전도하고 집집마다 초인종을 누르면서 복음의 씨를 뿌렸다면 씨만 뿌려놓고 내 할 일 다 했다고 주저 앉는 것이 아니라 한 영혼을 구원하기 위해서 그 한 사람에게 꾸준히, 계속해서 만나고, 교제하고, 나누고, 사랑을 주어야 합니다. 관계를 맺어야 합니다.

노방전도를 통해서 세상 사람들의 마음속에 한 번씩이라도 예수님을 생각하게 했다면 이제는 우리들 주변에 있는 사람들을 직접 한 사람 한 사람을 정해서 기도하고, 사랑하고, 교제하고, 복음을 전해서 그 사람이 예수님을 믿게 해야 합니다.

주변의 많은 교회들을 보면 교회 안에 전도 특공대를 거의 다 운영하고 있습니다. 참 좋은 현상입니다. 한쪽 날개인 전도 특공대는 계속 운영해야 합니다. 그러나 또 다른 한쪽 날개인 전 성도의 전도 동력화가 필요합니다. 전 성도를 삶의 현장에서 전도가 생활화될 수 있도록 만들어야 합니다. 어느 특정한 성도들에게 하는 전도 특공대 훈련도 필요하지만 전 성도들을 향한 전도 훈련이 절실히 필요합니다.

사과 전도는 전 교인을 전도 동력화 하는데 있습니다. 사과 전도는 전 성도가 삶의 현장에서 복음을 들고 나가게 하는 데 있습니다. 하루에 전도지를 들고 전도현장에 나가 10명의 사람들에게 복음을 전하게 하는 데 그 목적이 있습니다. 10명의 사람들에게 전도지를 나누어 주는 시간은 하루 10분입니다. 하루 10분을 전도지를 나누어 주는데 교회 전 성도들이 동참한다면 우리 교회는 물론 한국교회, 그리고 하나님 나라는 놀라운 확장을 보일 것입니다. 노방전도든 관계전도든 어떤 전도 방법이 문제가 아니라 이 두 가지를 잘 조화하여 하루에 10명에게 복음을 전하는 성도들이 되어야 합니다. 제가 지금 실천하고 있습니다.

전도는 시간이 많은 사람들만 하는 것이 아닙니다. 직장을 다니는 남자성도들도 할 수 있습니다. 출근시간과 퇴근시간 때 할 수 있습니다. 점심시간 때도 할 수 있습니다.

얼마 전 대산제일교회에서 전도 부흥회를 인도하는 첫날에 이 말씀을 했었습니다. 그런데 그 교회는 장로님으로부터 순종의 역사가 나타났습니다. 대기업의 간부이신 장로님이 저녁식사 하는 자리에서 말했습니다. "목사님! 오늘 저는 10명은 못했지만 6명에게 복음을 전했습니다. 점심식사 하는 자리에서 잠깐 커피타임을 갖는 시간에, 그 전에는 복음을 전하지 않았는데 오늘부터 복음을 전했습니다." 또 다른 대기업 간부이신 장로님은 예배시간에 10명에게 복음을 전했다고 말했습니다. 저는 장로님들이 앞장서는 교회를 보고 이 교회는 소망이 있고 내일이 있는 교회라고 말했습니다. 그 전에는 교회 안에 전도지가 있어도 어떤 특별한 날, 그리고 특별히 훈련받은 전도 특공대 외에는 전도지를 들고 다니지 않았는데 이제는 출근 가방 안에, 그리고 헬스 가방 안에, 골프 가방 안에, 여고 동창생들이 모이는 곳에 가기 위해 들고 가는 핸드백 안에 전도지를 들고 가게 되었다고 고백합니다.

그렇습니다. 이제 거리에서도 직장에서도, 출근길에서도, 퇴근길에서도 만나는 사람들에게 복음을 전합시다. 값싸게 전하거나 비굴하게 전하지 말고 당당하게 담대하게 살아 역사하는 복음을 전합시다. 복음을 전하면 내가 살고, 가정이 살고, 교회가 살고, 민족이 살아나는 역사가 있습니다. 내가 서있는 삶의 자리에서 복음을 전합시다. 거리전도든, 축호전도든, 노방전도든, 관계전도든 내가 서 있는 자리에서 복음을 전해서 하나님 나라가 더 멀리 확장하는 일에 동참하는 성도들이 됩시다.

1) 노방전도 및 아이디어 뱅크

(1) 사거리 외침전도

핸드 마이크를 들고 부산 전철역에서 전도하는 할아버지를 보았습니다. 정말 반가웠고 정다웠습니다. 연세가 들어서 차량신호일 때는 앉아 계시다가 사람들이 건너올 때는 일어서서 전도를 했습니다. 참 아름다운 전도 방법이었습니다.

부산 전철역 할아버지의 외침전도
여러분, 여러분은 지금 어디로 가고 계십니까?
무엇을 목표로 살아가십니까?
여러분의 삶에는 참된 기쁨과 감사가 있습니까?
자연계에는 자연법칙이 있듯이 하나님과 사람 사이에도 영적인 원리가 있습니다. 하나님은 여러분을 사랑하시며 여러분을 위한 놀라운 계획을 가지고 계십니다.

"하나님이 세상을 이처럼 사랑하사 독생자를 주셨으니, 이는 저를 믿는 자마다 멸망치 않고 영생을 얻게 하려하심이니라"

"내가 온 것은 양으로 생명을 얻게 하고 더 풍성히 얻게 하려 하심이니라"

그런데 왜 사람은 이 풍성한 삶을 살지 못하는 것일까요?

그것은 사람은 죄에 빠져 하나님으로부터 떠나있기 때문입니다.

그래서 하나님의 사랑과 계획을 알 수 없고 체험할 수 없습니다.

성경에 "모든 사람이 죄를 범하였으매 하나님의 영광에 이르지 못하더니"라고 말씀하고 있습니다.

하나님은 거룩하시며 사람은 죄에 빠져있기 때문에 이 둘 사이에는 커다란 간격이 생겼습니다. 사람들은 끊임없이 선행 철학 종교 등의 자기 힘으로 하나님께 도달하여 풍성한 삶을 누려보려고 애쓰고 있습니다.

그러나 다른 어떤 길로도 하나님께 갈 수 없습니다.

오직 예수 그리스도만이 하나님께 이르는 유일한 길입니다.

여러분은 예수님을 통하여 여러분에 대한 하나님의 사랑과 계획을 알게 되며 또 그것을 체험하게 됩니다.

하나님은 자신의 독생자 아들이신 예수 그리스도를 이 세상에 보내어 우리를 대신하여 십자가에 죽게 하심으로 우리의 죄 값을 담당케 하시고 하나님과 우리 사이에 다리를 놓아주셨습니다.

"내가 곧 길이요, 진리요, 생명이니 나로 말미암지 않고는 아버지께로 올 자가 없느니라"고 말씀하셨습니다.

또 "인생의 연수는 칠십이요, 강건하면 팔십이라도 연수의 자랑은 수고와 슬픔뿐이요, 신속히 가니 날아가나이다" 라고 하나님은 말씀하고 계십니다.

여러분 걸어오신 인생길을 돌아 보건데 행복보다는 슬픔이, 평안 보다는 수고가 더 많을 것입니다.

아니 앞으로의 인생 길도 그러하실 것입니다.

여러분들이 이 인생 길을 걸어오시면서 얻은 부귀와 영화, 명예와 권세, 시간이 지나면 소멸될 것입니다.

성경에 육신의 장막이 무너지면 하나님이 예비하신 천국이 있다고 하셨습니다.

"나는 부활이요, 생명이니 나를 믿는 자는 죽어도 살겠고 살아서 믿는 자는 영원히 죽지 않으리라"고 말씀하셨습니다.

"너희 수고하고 무거운 짐 진 자들아 다 내개로 오라. 내가 너희를 쉬게 하리라"

예수 믿는 조건은 없습니다.

나 자신이 죄인이라는 것을 인정하고 예수님을 죄에서 구원하여 주실 구주요 구원자로 영접하면 됩니다.

영접한다는 것은 예수님을 믿고 따른다는 것입니다.

가까운 교회에 나가셔서 예수를 믿으시기 바랍니다.

여러분의 삶의 참된 기쁨과 행복이 있을 것입니다.

마르지 않는 영원한 생수를 마실 것입니다.

육신의 장막을 벗을 때에 영원한 천국에 들어가실 것입니다.

안녕히 가십시오.

(2) 걷기 및 조깅전도

　　말없이 하는 전도입니다. 많은 사람들이 걷기운동을 하는 공원 및 등산길에서 조끼 또는 겉옷에 '예수님은 당신을 사랑하십니다' 라는 문구와 교회 이름을 새긴 것을 입고 함께 운동합니다. 그리고 걷기 530에 대한 내용이 담긴 전도지를 나누어줍니다. 그리고 마주볼 때는 항상 웃음을 머금으며 하는 전도입니다.

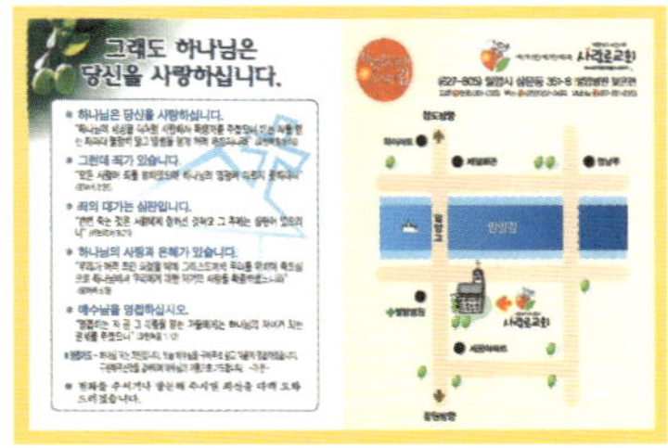

(3) 뺏지전도

　　좋은 그림과 내용이 담긴 뺏지를 교회에서 단체로 만들어 달고 다닙니다. 처음에는 어색하기도 하고 쑥스럽지만 계속 달고 다니면 놀라운 효과가 나타납니다. 제가 전도 세미나를 인도 했던 울산명성교회 김종혁 목사님은 교회에서 뺏지를 만들어 달고 다니는데 처음에는 어색했지만 지금은 성도들과 함께도 자연스럽게 옷에 달고 다니며 전도를 하는데 좋은 효과가 있다고 합니다.

(4) 피켓전도 : 건널목에서

제가 전도 세미나를 인도했었던 원주중부교회 김미열 목사님은 교인들과 함께 피켓전도를 합니다. 처음에는 좀 어색하고 쑥스러워하는 교인들이 많았지만 이제는 전도의 열매가 나타나니까 기쁨으로 서로들 감당하고 있습니다. 서울의 숭인교회도 성도들이 피켓전도를 하는데 지역의 좋은 반응이 나타나고 있습니다. 피켓 안의 내용은 다양하게 하는 것이 좋습니다.

"어렵고 힘든 사람 주님께로 오세요."

"삶의 아픔이 있습니까? 예수님께로 오세요."

"하나님은 모든 문제의 해결자이십니다."

(5) 설문지전도

비신자에게 접촉할 때 좋은 접촉점은 설문지를 통해서도 접촉할 수 있습니다. 제목은 여러 가지 할 수 있지만 사과 종교 설문 조사지를 이용하여 접촉하면 좋습니다.

"반갑습니다. 3분만 시간을 내어주실 수 있습니까?"…등 10가지 정도의 질문을 준비하여 나가 설문을 통해 접촉하면서 전도하면 좋은 효과를 볼 수 있습니다.

- 당신의 종교는 무엇입니까? 있다 (기독교, 불교, 타종교) 없다
- 당신은 어렸을 때 교회를 다녀본 적이 있습니까?
- 당신의 가족이나 친척 중에 교회를 다니는 분이 있습니까?
- 당신은 이 세상이 진화되었다고 생각하십니까? 지적설계론, 즉 창조되었다고 생각하십니까?
- 당신은 죽으면 그만이라고 생각하십니까?
- 아니면 내세가 있다고 믿습니까?

(6) 전도지전도

"전도지를 주머니에 넣고 다니기 전까지는 예수님 믿는 사람으로서 옷을 다 갖추어 입은 것이 아니다"라고 하는 말이 있습니다.

전도지는 복음을 전할 때 너무 중요한 접촉점이자 자신이 셀프 이팅할 수 있는 놀라운 복음의 도구입니다. 성도들의 가방에는 전도지가 꼭 들어있어야 합니다. 지금 자신의 가방 안에 전도지가 들어있는지 확인해 봅시다. 그런데 전도지전도는 여러 가지 종류가 중요합니다. 주로 전도지를 받는 사람들은 교회의 주변에 살고 있는 사람들이 대부분입니다. 그런데 단지 가격이 저렴하다는 이유로 한 종류의 전도지를 가지고 나누어주면 체면 때문에 받기는 하지만 전에 받았던 전도지와 동일하기 때문에 버리는 사람들이 거의 다 입니다. 그리고 전도지를 나누어주는 전도자들이 낙심을 할 수가 있습니다. 이럴 때는 나누어주는 전도자도 기쁘고, 받는 비신자들도 더 받고 싶어 하는 전도지를 만들어 나누어주면 좋습니다.

애플전도코리아에서는 "주고 싶은 전도지, 받고 싶은 전도지"를

만들어 전국 교회의 전도자들과 함께 합니다. 전도지는 비신자와 접촉할 수 있는 대단히 좋은 전도 무기입니다. 좋은 전도지를 통해 바르게 접촉하면 많은 열매를 맺을 수 있습니다. 이 시대에도 전도지를 통해서도 전도될 수 있습니다. (각종 전도지 샘플은 5장에서 소개합니다.)

전도지전도를 할 때는 20미터 전방에 오는 사람을 보고 기도하며 나가야 합니다. 아무나 주는 것이 아니라 내 속에서 역사하시는 성령님의 인도를 받고 나가야 합니다. 아무나 주면 전도자가 실망할 때가 있습니다. 받지도 않을 뿐더러 받았다 해도 읽지도 않고 조금 가다가 버립니다. 전도지 한 장을 주더라도 '빨리 내게 있는 전도지를 주어야겠다' 라는 마음이 아니라 꼭 필요한 사람을 만날 수 있도록 성령님의 인도를 받아야 합니다.

"나를 보내신 아버지께서 이끌지 아니하면 아무라도 내게 올 수 없으니 오는 그를 내가 마지막 날에 다시 살리리라"(요 6:44)

성령님의 인도를 받고 한 사람을 향해 걸어갈 때는 빨리 다가가기보다는 먼저 그 영혼을 놓고 간절히 눈을 뜨고 기도합니다. 그러나 얼굴에는 미소가 있어야 합니다. 그리고 2미터 정도 왔을 때 웃으면서 인사하며 전도지를 내밀어야 합니다.

전도의 현장에서 성령님의 인도를 받고 전도하면 실패가 없습니다.

(7) 이벤트전도

지하철 출구, 사람들이 밖으로 나가지 못하고 난감한 표정으로 서성이고 있습니다. 밖에 비가 주룩주룩 내리고 있기 때문입니다.

집에서 나올 때는 비가 오지 않았는데, 지하철에서 내리니 비가 억수같이 퍼붓고 있는 것입니다. 낭패가 아닐 수 없습니다. 이때 이들을 빗속에서 도와줄 도우미가 나타났습니다. 우산을 한 아름 들고 나타난 사람이 있었습니다. 그리고는 우산이 없어 난감해 하는 사람들에게 우산을 하나씩 나누어주는 것이었습니다.

"우산을 빌려 드립니다. 명함만 주시면 됩니다. 명함이 없으시면 여기 핸드폰이나 사무실 전화번호만 적어주세요. 우산은 제가 방문할 때 돌려주시면 됩니다."

10분도 안 되어 30여 개의 우산이 동이 나고 말았습니다.

사람들이 쓰고 가는 우산에는 '어려울 때 든든한 친구가 되겠습니다'라는 문구와 함께 번호표가 하나씩 달려 있었습니다.

한 세일즈맨이 비 오는 날 실시하고 있는 '우산 빌려주기 이벤트'였습니다.

이 세일즈맨에게는 비 오는 날이 좋은 날입니다. 비가 오는 것이 활동에 제약이 되는 것이 아니라 이 사람에게는 오히려 좋은 활동 요소가 되는 것입니다.

마침 이 사람의 사무실이 지하철 근처에 있어 이 세일즈맨은 비가 오기만 하면 우산을 한 아름 안고 지하철 입구로 뛰어나갑니다. 어려울 때 고객과 함께 하겠다는 것인데, 이것이 실적과 연결되는 것이었습니다.

비가 그치고 나면 이 세일즈맨은 우산을 빌려 준 사람들을 찾아다니며 우산을 회수합니다. 우산을 회수할 때 자기에 대한 간단한 소개서를 고객에게 전달합니다. '어려울 때 든든한 친구가 되겠습니다' 하는 내용의 자기 소개서입니다.

이것이 뜻밖에 좋은 반응을 얻게 되었다고 합니다. 이것이 계기가 되어 고객들이 늘어나기 시작했습니다. 한 건설업체 총무과에 근무

하는 사람은 하청업체를 소개해 주는 사람도 있었고, 한 영업부서 부장은 월요일 아침 부서 미팅에서 단체에게 설명하는 자리를 만들어 주기도 하였습니다. '비 오는 날 우산 빌려주기 이벤트'로 주변 빌딩 직장인들 중에는 이 사람을 모르는 사람이 없을 정도라고 합니다.

전도에도 '비 오는 날 이벤트'가 있습니다. 필요중심전도라고 할 수 있는데 교회에서도 장 우산을 준비해서 이와 비슷한 방법으로 할 수 있습니다. 비가 오는 날이면 우산을 들고 지하철 역 앞이나 버스 정류소 앞, 그리고 학교 앞에서 하면 좋습니다. 우산 위에는 '예수 사랑 행복플러스교회'라는 글이나 '어려울 때 든든한 친구가 되겠습니다'라는 문구를 새깁니다.

비가 와서 어떻게 할까 망설이는 사람들에게 우산을 빌려주면서 전도지와 함께 나누어줍니다. "전화번호를 가르쳐 주면 찾으러 가겠다든지, 아니면 자신의 전화번호를 적어줘서 전화를 주시면 찾아가겠습니다" 하고 찾아 갔을 때 복음을 전하고 돌아옵니다. 의외로 지역사회에 좋은 소문이 나게 되며 전도의 열매를 많이 거둘 수 있습니다.

이웃이 필요할 때 도움을 주며 복음을 전할 때 많은 전도의 열매를 맺게 됩니다.

(8) 능력전도

능력전도는 노방전도에 있어 또 하나의 중요한 전도 방법입니다. 모든 전도도 마찬가지이지만 특별히 성령 충만한 가운데 나가야 합니다. 기도하고 나가야 합니다. 특별히 하나님 앞에 회개의 기도를 드린 후 정결한 심령으로 나가야 합니다. 세상은 우는 사자같이 전도자들을 잡으려고 합니다. 그러나 성령 충만한 가운데 나가면 담대함은 물론이요 전도자 앞에서 눈물을 흘리며 돌아오는 심령을 맞이할 수 있습니다. 전도하다 보면 이런 놀라운 역사가 많이 일어납니다. 담대히 복음을 외치는 가운데 주님께로 돌아오는 영혼들을 볼 수 있습니다. 하나님의 임재하심을 경험할 수 있습니다. 성령님이 마음에 지시하심을 느낄 수 있습니다.

2) 관계전도 아이디어

미국 사우스웨스턴 침례신학교 교수였던 오스카 톰슨(W. Oscar Thompson Jr)은 '친밀도 동심원'을 전도자들에게 소개했습니다. 그 내용은 먼저 일곱 개의 동심원을 나누고 가장 가운데의 동심원에 나, 그리고 두 번째는 가족, 친척, 친구, 이웃, 아는 사람, 모르는 사람 등으로 관계를 확대해 나가면서 전도한다는 내용입니다. 관계전도는 아는 사람을 전도하는 것입니다. 노방전도가 모르는 사람을 전도하는 것이라면, 관계전도는 인간관계가 어느 정도 형성된 사람들을 전도하는 것이라고 말할 수 있습니다. 그렇다면 관계전도에 있어 좋은 전도 방법은 어떤 것이 있을까요?

(1) 버즈|buzz마케팅 전도

'버즈'의 사전적 의미는 '벌떼들이 윙윙거리는 소리'입니다. '버즈마케팅'은 제품이나 서비스에 대해 소비자들이 윙윙거리게 만드는 기법입니다. 광고를 하건 이벤트를 하건 입소문을 통해 고객과 미디어를 단번에 사로잡는 방법입니다.

일본의 히노가에코는 버즈마케팅은 "수다가 회사를 살리고 침묵이 회사를 망친다"는 논리라고 말합니다. 일본에서 '입소문과 광고 중 어느 쪽을 더 신뢰하느냐'는 조사가 실시된 적이 있는데 응답자의 83%가 입소문이라고 답했습니다. 이러한 현상은 우리나라에서도 쉽게 찾아볼 수 있습니다. 예를 들면, 자녀의 학원을 결정하는 기준으로 광고나 선생님의 말보다 이웃집이나 친구 학부모의 말을 더

욱 신뢰합니다. 병원, 식당, 미용실 등 특히 서비스 관련업은 입소문의 영향이 매우 큽니다.

전도에 있어서도 버즈마케팅은 중요합니다. 버즈마케팅에는 세 가지가 중요합니다.

첫째, 무엇을 퍼뜨릴 것인가?

; 차별화된 상품 컨셉 확정(우리 교회만의 독특한 특징) 또는 (예수님 자랑, 교회 자랑, 목사님 자랑)

둘째, 누구에게 퍼뜨릴 것인가?

; 타깃 선정(관계전도 대상자)

셋째, 어떻게 퍼뜨릴 것인가?

; 내용 정리 및 행사 활용(자랑의 내용을 성령님의 능력을 의지해서 잘 전해야 합니다. 그리고 추수주일 또는 초청주일을 활용하는 것이 좋습니다)

(2) 자주 만나기

제 친구 중에 이런 사람이 있습니다. 이 친구는 배가 고플 때만 전화합니다. 그리고 돈이 필요할 때든지 나의 도움이 필요할 때만 전화합니다. 저는 이런 친구가 싫습니다. 여러분도 마찬가지 일 것입니다. 관계전도에 있어서 중요한 것 중의 하나는 자주 만나는 것이 중요합니다. 몇 년 동안 한번도 만나지 않다가 전도하기 위해서 만나는 것은 전도의 효과 면에서도 그렇고 보기에도 좋지 않습니다. 좋은 일이든 슬픈 일이든 꾸준한 인간관계가 중요합니다. 자주 만나는 것은 관심이 있다는 표현입니다. 관계전도에 있어서 중요한 것은 그 영혼에 대한 관심이 가장 중요합니다.

관심은 이렇게 나타나야 합니다.

만나야 합니다 – 계속 접촉해야 합니다.
먹어야 합니다 – 함께 먹는 시간이 있어야 합니다.
나눠야 합니다 – 함께 이야기를 들어주고 나눠야 합니다.
전해야 합니다 – 전할 때 역사가 일어납니다.

(3) 상대방을 인정하고 칭찬해 주기

저는 공원에서 운동을 매일 합니다. 그런데 며칠 전 그날도 10명의 사람들에게 복음을 전하자 하고 다짐하면서 운동을 나갔습니다. 9명에게 전도하고 마지막 1명을 찾는데 눈에 띄는 운동모자를 쓰고 MP3를 들고 운동하는 젊은 아주머니가 있었습니다. 저는 MP3에 관심이 있었기 때문에 "아주머니! 이거 정말 예쁘네요! 녹음 기능도

되고 외장마이크가 있어서 밖으로 나오니까 정말 좋네요! 저도 이것을 사고 싶었는데요, 이것 어디서 샀어요?” 하고 묻자 자기 남편이 용산에서 사다준 것이라고 했습니다. 그래서 “나는 행복플러스교회 목사인데, 예수님 믿으시죠?”라고 했더니 자기는 예수님을 안 믿는데 시맥은 예수님을 믿고, 남편도 전에는 교회를 다녔는데 이제는 바빠서 다니지 못한다고 했습니다. 그래서 함께 걸어가면서 복음을 간단하게 전하고 교회로 올 것을 초청했습니다. 그랬더니 자신의 웨딩 샵은 바로 시민회관 옆에 있는데 교회에 가겠다고 약속을 하고 헤어졌습니다.

상대방을 인정하고, 상대방이 가장 소중히 여기는 것을 인정하고 칭찬해 주었을 때 노방에서 전도했지만 관계를 맺을 수 있었고 교회로 초청하는 하나님의 은혜를 체험할 수 있었습니다. 관계전도에 있어서 상대방을 인정하고 칭찬해 주는 것이야 말로 전도할 때 좋은 접촉점과 연결점이 될 수 있었습니다.

(4) 노출신경 파악해서 도움주기

자주 만나다 보면 상대방의 노출신경을 발견하게 됩니다. 관계전도 할 때 노출신경 발견은 큰 도움이 됩니다. 전도대상자를 이해할 수 있고 기도할 수 있기 때문입니다. 노출신경은 그 사람과의 일반적인 관계를 할 때는 전혀 알 수 없습니다. 그러나 자주 만나고 사랑의 터치를 하다보면 자기도 모르는 사이에 또는 의지하고 싶은 마음에 자신의 문제를 털어놓게 됩니다. 털어놓지 않더라도 사랑의 대화를 하는 중에 전도자가 느낄 수 있습니다.

이 땅에 사는 사람들 중에는 문제가 없는 사람이 없습니다. 건강

문제, 물질문제, 부부문제, 자녀문제, 사업문제 등 자주 만나서 대화를 하다보면 자기 입으로 말하든 느낌으로 오든 많은 문제점을 발견하게 됩니다. 노출신경을 발견했을 때 치과 의사는 치아의 아픈 부위를 잡아서 잘 치료를 해줍니다. 그런 것처럼 성도들은 전도대상자들의 아픈 문제를 발견했을 때 그들의 입장에 서서 아픔을 함께 하는 자세가 필요합니다. 웃을 때 함께 웃고, 울 때 함께 울 줄 아는 자세가 필요합니다.

(5) 편지 띄우기

얼마 전 장위동에 있는 성원교회에 가서 여전도회 헌신예배를 인도하고 다과를 나누는 중에 마리아 여전도회 임원들이 선물을 들고 왔습니다. 락앤락에 담겨진 좋은 음료와 비타민 등 건강에 유용한 내용들을 선물했습니다. 그런데 제가 감동을 받은 것은 그 속에 함께 넣어준 편지의 내용 때문이었습니다.

"하나님께서 주신 사명인 전도에 힘쓰시는 목사님! 성원교회 마리아 여전도회도 주님의 뜻에 따라 전도에 열심을 내며 하나님을 기쁘시게 하는 여전도회가 되겠습니다. 목사님과 교회를 위하여도 기도드리겠습니다." -마리아 여전도회-

저는 이 짧은 글이 담긴 편지봉투를 여는 순간부터 감동이 왔습니다. 기계화된 글만 주로 접하다가 펜으로 쓴 글을 보는 순간 마음속에 왠지 모를 정이 느껴졌습니다. 펜으로 쓴 글은 사람의 마음을 열게 하는데 큰 효과가 있습니다. 친구 목사인 전인치유센터 이박행 목사님이 음악도 MP3나 CD로 듣는 것보다 턴테이블에서 듣는 음악이 인간의 정서 발달과 치료에 도움이 있다고 하는 것처럼 글도 이메일이나 문자 메시지보다는 인간의 정과 사랑이 듬뿍 담겨있는 펜으로 종이에다 쓴 글이 상대방의 마음을 여는데 더 큰 역할을 하는 것 같습니다.

여러분은 올 한 해 편지를 몇 장 받아보셨습니까? 거의 없을 것입니다. 주로 전화비나 의료보험료 또는 백화점이나 은행에서 온 지로 용지가 대부분일 것입니다. 편지가 사라져가고 있는 이때에 복음과 사랑이 담긴 편지를 나눌 때 그 효과는 다른 것으로 하는 것보다 더 큰 열매를 거둘 수 있습니다. 내가 보낸 한 통의 편지가 죽어가는 영혼을 살릴 수 있다고 확신하며 지금 내 주위의 이웃과 친구들에게 한 통의 편지를 보내시기 바랍니다.

(6) 핸드폰을 사용하기

여러분의 핸드폰은 일 년에 몇 번 울리나요? 제 주위에 있는 어르신들 중에는 한 달에 몇 번 울리지 않는 핸드폰을 보관하며 들고 다니는 분들이 많습니다. 자녀들이 핸드폰을 사주었지만 자녀들조차도 일 년에 몇 번 통화하지 않아서 무용지물인 핸드폰을 들고 다니는 사람들이 의외로 많습니다. 그리고 일본에서는 핸드폰이 울지 않는다고 해서 자살하는 청소년들이 있다고 합니다. 일명 삐삐 핸드폰이라고 합니다. 저는 하나님이 우리에게 정말 좋은 도구를 주셨다고 생각합니다. 나에게 주신 핸드폰, 보관만 하는 핸드폰은 전도를 위해 필요한 도구입니다. 핸드폰 요금이 많이 나온다고 들고만 있는 분이 계시다면 오늘부터 전도를 위한 도구로 사용하시기 바랍니다. 하루에 한 통화씩만이라도 전도대상자에게 통화를 하십시오. 하나님이 기뻐하실 것입니다.

(7) 어려운 일 닥쳤을 때 찾아가기

어려운 일이 닥쳤을 때 생각나는 사람이 참 친구라는 말이 있습니다. 전도자들은 바로 이런 사람이 되어야 합니다. 사람들은 위로받기를 원합니다. 어려운 일을 당한 사람들을 찾아가 위로한다면 관계증진에 큰 도움이 될 수 있습니다. 그리고 어려울 때 도와준 사람을 결코 잊지 않습니다. 특히 상(喪)중이나 투병 중 일 때가 관계전도의 기회입니다.

실제로 가족이나 전도대상자가 투병 중 일 때에는 찾아가 복음을 전할 수 있는 시간이 있으며 전도대상자 역시 다른 때와는 달리 진지하게 듣게 됩니다. 이러한 때 전도 받아 예수님을 믿게 된 사람들이 많습니다.

(8) 인맥관계 맺기
: 전도를 위한 좋은 인맥을 만드는데 필요한 7가지 "ㅍ"

첫째, 품 : 인맥 만들기는 누가 더 많이, 더 오래 품을 파느냐에 달려있습니다. 머리품, 발품, 손품을 아끼지 않고 열심히 실천하는 사람만이 좋은 전도 인맥을 만들 수 있습니다.

둘째, 폼 : 짧은 만남이 빈번한 현대사회에서 장기적인 관계로 발전되기 위해서는 좋은 이미지, 좋은 첫인상을 줄 수 있도록 자신을 폼 나게 가꿔야 합니다. 비신자들을 전도하기 위해서는 전도자의 이미지가 좋아야 합니다.

셋째, 판 : 내가 현재 속해있는 판(사회, 네트워크)과 앞으로 가고
자 하는 판에 대해 분석하고 이해할 수 있어야 합니다. 지역에 살고
있는 비신자나 같은 회사에 다니고 있는 사람들과 함께 더불어 생활
하면서 그들을 잘 분석하고 파악해서 그들에게 복음을 전해야 합니
다.

넷째, 패 : 다른 사람에게 보여 줄 수 있는 나의 브랜드, 나의 가
치가 있어야 합니다. 예수 믿는 내가 달라야 합니다. 그리고 가치가
있는 브랜드가 있어야 합니다. 내가 대화의 주도권을 가져야 합니
다. 그들을 리드할 수 있어야 합니다. 그러기 위해서는 나에게서 풍
기는 매력의 향기가 있어야 합니다.

다섯째, 펀ǁfunǁ : 만남이 즐겁고 유익해야 합니다. 헤어질 때 다
시 만나고 싶은 만남을 가져야 합니다. 전도자를 만나는 사람들이
유익해야 합니다. 전도자들은 사람들을 불안에 떨게 해서는 안됩니
다. 전도자를 만나면 유익하고 행복해야 합니다. 뻔한 전도를 하지
말고 이제는 펀한 전도를 해야 합니다.

여섯째, 필ǁfeelǁ : 상대방과 교감이 통해야 합니다. 정서적인 우
애감, 공동체적인 유대감 등이 통해야 합니다. 복음을 전하다 보면
상대방과 교감이 통할 때가 있습니다. 타이밍을 놓치지 말고 복음을
전해야 합니다.

일곱째, 편 : 내 편을 만들지 말고 먼저 상대방의 편이 되어야 합
니다. 상대방의 편이 되어주지 않으면 결코 내 편이 되지 않는 것이
사람의 마음입니다. 복음을 전해야겠다는 마음만 앞서서는 안됩니

다. 먼저 상대방이 느낄 때 이 사람은 내 편이라는 마음을 줘야 합니다. 정말로 '나를 사랑해서 예수님을 믿으라고 하는구나' 라는 생각을 가지게 해야 합니다.

01 기도단계 : 모닥불 피우기 (사과전도 기도하기, 113운동)

**"하나님이 전도 할 문을 우리에게 열어 주사 그리스도의 비밀을
말하게 하시기를 구하라"**
(골 4:3)

한 겨울이 지나고 3월이 되면 사과 과수원에 봄이 찾아옵니다. 4월 초쯤 되면 가지마다 초록빛 눈들이 트기 시작합니다. 잎이 될 눈은 꽃이 될 눈보다 늦게 터서 쑥쑥 자라납니다. 5월 초가 되면 꽃이 피는데 꽃이 필 무렵에는 자주 늦서리가 내리므로 밤에는 모닥불을 피워서 서리 피해를 입지 않도록 꽃을 보살펴야 합니다.

종종 사과 과수원을 보면 밤새도록 불을 피워서 그 둘레의 공기를 따뜻하게 하여 서리 피해를 막는 것을 볼 수 있습니다.

전도에 있어서 가장 중요한 것은 모닥불입니다. 어떤 모닥불입니까? 바로 기도의 모닥불이요 성령의 모닥불입니다.

전도의 열매를 맺기 원한다면 먼저 심령의 냉랭함을 해결해야 합니다. 영혼 사랑하는 뜨거운 마음이 없고, 영혼을 사랑하려는 열정이 없다면 전도의 열매를 맺을 수 없습니다. 영혼에 대한 사랑과 심령이 전도하는 열정으로 뜨거워지려면 기도해야 합니다. 전도의 기본은 기도입니다. 기도 없이는 전도의 열매를 맺을 수 없습니다. 한 영혼에 대한 기도가 없다면 전도를 할 수 없습니다. 전도하기 전에 필수는 기도입니다. 전도를 위해 하는 기도는 하나님이 제일 잘 들어주십니다. 하루에 한 영혼을 위해 세 번 기도합시다. 전도에 있어서 기도가 전도의 열매를 얻는 가장 좋은 전도 방법입니다. 기도보다 더 중요한 것은 없습니다. 내 수

단과 내 방법과 세상의 어떤 전략도 기도보다 더 우선인 것은 없습니다. 기도를 통하여 성령의 역사가 이루어 질 때 불신 영혼들이 회심을 하게 되고 교회에 나오는 역사가 이루어집니다. 아무리 인간적인 관계를 맺고 있다 할지라도 예수그리스도를 영접하는 것은 인간적인 감정으로 이루어지는 것이 아니기 때문입니다.

위대한 전도자 사도 바울은 전도할 때 기도로 시작했고 기도만이 전도의 문을 열 수 있다는 것을 알았습니다. 어떻게 보면 그것은 바울의 평생 전도사역에서 체험한 결과였습니다. 그는 골로새서 4장 3절에 보면 골로새 교인들에게 이렇게 부탁했습니다. "하나님이 전도문을 열어주사 그리스도의 비밀을 말하게 하기를 구하라" 하나님이 전도의 문을 열어주셔야 전도할 수 있다고 말합니다. 그리고 이 전도의 문은 오직 기도로 열 수 있습니다. 전도는 방법과 기술보다 영혼 구원에 대한 간절한 마음과 구원의 은혜에 대한 뜨거운 감격이 전도의 시작이며 원동력입니다. 이 원동력은 바로 기도할 때 불타오른다는 사실을 깨달아야 합니다.

이제부터 한 영혼 전도를 위해 할 수 있는 가장 귀한 것은 전도를 위한 기도라는 사실을 믿고 날마다 내가 전도할 사람들을 위해 하나님께 기도하시기 바랍니다. 전도자는 전도보다 기도를 먼저 해야 합니다. 많은 사람들이 일을 기도보다 앞세우는 사람이 많은 것처럼 기도하지 않고 전도하는 것은 바람직하지 않습니다. 기도는 일보다 더 큰 일을 합니다. 하나님은 기도하는 사람을 통해 역사하십니다. 우리가 기도하고 나가면 우리의 일을 이루어 주십니다. 이 사실을 예레미야 33장 2~3절의 말씀에서 이렇게 말해주고 있습니다.

"일을 행하는 여호와 그것을 지어 성취하는 여호와 그 이름을 여호와라 하는 자가 이같이 이르노라 너는 내게 부르짖으라 네게 응답하겠고

네가 알지 못하는 크고 비밀한 일을 네게 보이리라"

하나님은 전도자에게도 부르짖어 기도하라고 말씀하십니다. 기도 없이 전도자가 될 수 없습니다. 기도 없이 한 생명을 구원하는 기적은 일어나지 않습니다. 기도가 전도의 시작이며 기도가 전도의 마지막이라는 사실을 꼭 기억하시기 바랍니다.

전도를 위해 하는 모닥불 기도

(1) 개인기도

전도자의 기도는 영혼구원의 원동력입니다. 날마다 하는 개인기도 시간에 가장 먼저 전도를 위해 기도합니다. 접촉하는 사람들을 위해 기도하며, 그리고 그중에 전도대상자로 확정한 사람들을 위해 기도하고, 전도대상자 중에서도 완사(완전히 여문 사과)를 중심으로 기도합니다. 사과전도에서는 사과를 시각화한 것을 가지고 기도합니다. 기도하는 사람이 마음이 더 열려서 기도할 수 있습니다. 가장 좋은 기도시간은 새벽기도 시간이 좋습니다. 혹 새벽예배에 나가지 않더라도 매일 하루에 세 번 정도는 비신자 전도를 위해 기도해야 합니다. 그것은 마가복음 9장 29절의 말씀에 보면, "기도 외에 다른 것으로는 이런 유가 나갈 수 없다"라고 하셨기 때문입니다.

전도는 어렵습니다. 아무리 많은 전도 간증자들과 전도 강사들이 전도는 쉽다고 이야기 하지만 전도는 어렵습니다. 만약에 전도가 쉽다면 교회마다 부흥의 역사가 일어났을 것입니다. 점점 전도하기가 쉽지 않습니다. 그렇다면 어떻게 해야 전도를 잘할 수 있을까요? 먼저 전도도 기본에 충실해야 합니다.

전도의 기본은 기도입니다. 기도하지 않는 사람은 영혼을 사랑하지 못합니다. 영혼을 사랑하지 않는 사람은 전도할 수 없습니다. 한 영혼을 품고 일 년을 기도하며 울 수 있는 사람이 전도할 수 있습니다. 어떻게 기도하지 않는 사람이 전도한다고 할 수 있을까요? 먼저 하루 일분이라도 한 영혼 살리는 기도에 힘씁시다.

기도 외에는 전도의 열매를 맺을 수 없습니다. 예수님도 전도하러 나가시기 전에 새벽 미명에 일어나셔서 기도하셨습니다.

"새벽 오히려 미명에 예수께서 일어나 나가 한적한 곳으로 가사 거기서 기도하시더니… 이르시되 우리가 다른 가까운 마을들로 가자 거기서도 전도하리니 내가 이를 위하여 왔노라 하시고"(막 1:35, 38)

우리도 전도하기 전에 기도의 시간을 하나님께 드려야 합니다. 기도하기 가장 좋은 시간은 새벽 시간입니다. 영혼 전도를 위해 새벽의 가장 귀중한 시간을 주님께 드릴 수 있다면 성령님이 큰 은혜를 물 붓듯 부어 주실 것입니다.

저는 현대해상 보험왕인 이성임 보험사가 시상식 자리에서 "매일 새벽 4시에 일어나 고객들을 챙겼어요"라고 했던 말이 생각이 납니다. 그의 성공 비결은 새벽을 깨운 것이었습니다. 그는 새벽에 일어나 아파트 주차장에 있는 자동차를 바라보면서 '저 자동차의 절반만이라도 보험에 가입시키면 보험사로서 성공할 수 있지 않을까?' 라는 생각으로 "남들보다 일찍 일어나 노력한 것이 2억대 연봉에 이르게 된 배경"이라고 말했습니다.

어떤 분야이든 최고 전문가가 되려고 한다면 새벽을 깨운 새벽형 인간이 되어야 합니다. 세상의 물질을 위해서도 이렇게 헌신하는 사람이 있다면 전도의 CEO인 우리들도 새벽에 일어나 하나님께서 나에게 맡겨주신 비신자들을 위해 기도해야 합니다. 기도할 때 영안이 열립니다. 기도할 때 비신자들의 불쌍한 영혼이 들어오기 시작합니다.

(2) 헌금하며 드리는 기도

정말 한 영혼을 사랑한다면, 내 남편, 내 자녀, 내 가족, 내 친척, 내 이웃의 영혼들을 사랑한다면 전도대상자의 이름과 나와의 관계, 그리고 기도제목을 적어서 헌금을 드리면서 하는 기도가 좋습니다.
물질 있는 곳에 마음이 있다는 것처럼 나의 전도대상자가 나의 VIP라고 생각한다면 하나님께 나의 간절한 마음을 헌금을 드림으로 아뢸 수 있습니다. 한번으로 끝내지 말고 그 영혼이 주님 품으로 돌아올 때까지 횟수를 정하여 드리면 좋습니다. 액수가 부담이 되면 안됩니다. 많고 적음을 떠나 그 영혼을 사랑하는 마음으로 기쁘게 드리며 기도할 때 놀라운 역사가 나타납니다.

(3) 금식하며 드리는 기도

우리는 종종 내가 감당하기 어려운 문제가 있을 때 금식하며 기도할 때가 있습니다. 그런데 한 영혼을 전도하기 위해 금식하며 기도한다면 하나님은 너무 기뻐하십니다. 자신의 문제가 아닌 타인을 위해 금식하며 기도할 수 있는 성도는 정말 복 받은 성도입니다. 하나님은 그 사람을 사랑하십니다.

저는 어릴 때 아버지의 술을 끊게 하기 위해 어머니가 오랜 시간 아침을 금식하는 모습을 종종 보아왔습니다. 어머니는 장사를 하셔서 아침을 꼭 드셔야 하는 처지임에도 불구하고 아버지를 사랑하기 때문에 금식하며 하나님께 간절히 기도하셨던 것을 보았습니다. 정말 내가 그 영혼을 사랑한다면 아침이나 점심 또는 저녁 한 끼를 금식하면서, 아니면 하루나 이틀 삼일을 금식하면서 하나님께 간구하는 것이 중요합니다. 금식하며 기도한 후 그 비신자에게 다가가면 자신도 놀라울 정도로 변화되어 있는 것을 볼 수 있습니다.

(4) 함께 하는 기도

예배 때마다 먼저 와서 기도하며 예배가 끝난 뒤에도 사과에 적힌 전도대상자를 위해 기도합니다. 그리고 금요심야기도회 시간에도 함께 하는 통성기도 때 전도대상자를 위해 먼저 기도합니다. 또한 소그룹 모임이나 구역예배 때도 전도대상자를 놓고 먼저 기도합니다. 주위에 기도하는 성도들이 계시면 기도제목을 전도대상자를 위해 기도해달라고 하면 좋습니다. 함께 하는 기도에 하나님의 역사가 강하게 나타납니다.

"두 세 사람이 내 이름으로 모인 곳에는 나도 그들 중에 있느니라"
(마 18:20)

(5) 도와주는 기도

이 기도는 조금 특이한 방식의 기도입니다. 교회 의자 위에다가 전도할 전도대상자가 적힌 사과를 붙여놓고 하는 기도입니다.

교회가 큰 교회는 가나다순으로 붙여놓아도 괜찮고, 자기가 자주 앉는 자리에 붙여놓아도 괜찮습니다. 방법은 여러 가지 일 수 있습니다. 그러나 의자 위에다 예쁘게 붙여놓는 것이 중요합니다. 예배 시간에 자기 앞에 붙어 있는 비신자들을 위해 기도하는 시간을 갖습니다. 자신의 전도대상자가 아니라도 함께 비신자들을 위해 기도할 때 놀라운 역사가 나타납니다.

기도에는 분명한 응답이 있습니다. 기도하면 기적이 일어납니다. 이웃을 전도하기 위한 기도는 더 빠른 응답이 나타납니다.

5월 초가 되면 가지마다 흰 사과꽃이 피어서 과수원은 온통 사과꽃 향기로 가득 찹니다. 이때가 사과 과수원이 가장 바쁜 때 입니다. 꽃이 피어 있을 때에 인공 가루받이를 다 해주어야 하는데 꽃이 피어 있는 기간이 짧기에 아주 바쁩니다. 준비해 놓은 꽃가루를 솔로 꽃의 암술머리에 묻혀주어야 하기 때문입니다.

사과전도는 사랑의 접촉이 필요합니다

꽃가루를 솔로 꽃의 암술에 묻히는 것처럼 전도에 있어서도 접촉은 중요합니다. 접촉하지 않고서는 그 사람이 복음에 열려있는 심령인지, 닫혀있는 심령인지, 여문 심령인지, 여물지 않은 심령인지 파악할 수 없습니다. 물론 대충은 알 수 있다고 할 수 있지만, 접촉을 통해 확실히 알 수 있습니다. 전도에 있어 비신자를 접촉하지 않고서는 전도할 수 없습니다.

많은 교회들이 태신자운동과 총동원전도운동, 그리고 새로운 총동원전도운동 등 많은 전도운동을 합니다. 처음엔 많은 전도의 역사가 일어나지만 해가 거듭할수록 성도들의 반응이 식어져 가는 것을 봅니다. 그래서 또 다른 효과적인 전도운동은 없을까 해보지만 한번 식어진 성도들의 마음에 전도의 불을 붙이기는 쉽지 않음을 느끼게 됩니다. 전도란 한번의 프로그램으로 열매를 맺을 수 없습니다. 꾸준한 관계와 꾸준한 접촉을 통해 열매를 맺게 되는데 일 년에 한번 정도의 프로그램화 된 전도의 방법으로는 일,이 년은 효과가 있을지 모르지만 시간이 지날수록 전도의 열기가 식어져 가는 것은 어쩔 수 없는 현상입니다. 전도는 한번의 열심이 아니라 전도의 습관화와 체질화가 필요합니다. 식어진 성도들의 마음에 전도의 불을 붙일 수 있는 것은 매일 10분 운동을 적극적으로 시작해야 합니다.

매일 10분은 어떻게 보면 아주 짧은 시간일 수 있습니다. 그러나 하루 10분을 전도를 위해 투자한다면 개인은 물론 그 교회, 그 민족은 하나님이 주시는 놀라운 복을 받게 됩니다. 하루 10분 운동이 전국교회에 일어나야 합니다. 전도를 많이 하는 전도왕도 좋지만 전도를 매일 꾸준히 하는 전도 개근상을 받는 성도들이 많이 일어나야 합니다. 제가 가는 교회마다 전도 개근상을 받는 성도들이 많이 일어납니다. 장로님들이 먼저 변화되는 것을 보았습니다. 장로님들은 전도를 정말 잘할 수 있는 분들입니다. 하나님이 주신 복을 많이 받은 분들입니다. 그래서 저는 장로님들을 존경합니다.

저의 외가 쪽은 장로님들이 많이 있습니다. 그분들의 신앙생활 하는 것을 보면 목사인 제가 오히려 숙연해 집니다. 정말로 헌신적인 분들입니다. 그런데 장로님들이 가장 약한 것이 전도임을 알게 되었습니다. 그래서 저는 가는 교회마다 기도할 때 "전도 개근상을 받는 장로님들이 많이 일어나게 해주세요!"라고 기도합니다. 가는 교회마다 장로님들이 변화되는 모습을 보고 한국교회의 희망을 가졌습니다. 전도하는 장로님이 있는 교회는 부흥할 수 있습니다. 전도 개근상을 받는 장로님들이 일어나는 교회는 놀라운 부흥의 역사가 일어납니다. 전도 왕이 되는 것도 좋지만 모든 장로님들과 권사님들, 그리고 전 성도들이 하루 10분, 전도지 10장, 한 사람에게 복음 전도를 해서 전도 개근상을 받게 되기를 기도합니다.

비신자들을 접촉할 때 미인대칭 활용법

(1) 전도는 성도들의 얼굴빛에서부터 시작됩니다.

다 같이 한번 따라 해봅시다.
"성도의 얼굴은 살아있는 전도지다!"
그 어떤 전도의 메시지보다 먼저 선행되어야 할 것은 성도들의 빛나는 환한 미소입니다. 교회는 이를 위해 스마일 훈련을 할 필요가 있습니다. 지역 사람들이 우리의 일상적인 모습을 보면서 세상의 모든 염려를 지고 사는 사람들처럼 얼굴이 굳어 있다면 분명 전도의 열매가 어려울 것입니다.

토마스 왓슨은 "성도는 걸어다니는 하나님의 얼굴이다"라고 말했습니다.

프랑스의 어머니들은 자녀들을 교육할 때 "애야! 네 얼굴은 말이야 너를 위한 것이 아니란다. 주위 사람들을 행복하게 해주며 따뜻한 기분을 늘 가지도록 도와주기 위해서 있는 것 이란다"라고 말해준다고 합니다.

아시아나나 대한항공의 스튜어디스들을 보십시오. 항상 웃지 않습니까? 일본 사람들의 친절을 우리는 익히 압니다. 일본 백화점에 가보십시오. 정말 친절합니다. 무엇 때문에 그렇게 할까요? 결국은 돈 때문이 아닙니까? 돈 때문에 자신들의 간이라도 다 빼줄 것처럼 그렇게 친절한데 우리에게는 돈 보다 더 높은 가치가 있지 않습니까? 우리는 영혼 구원을 인도 하는 사람들입니다.

한국 사람들은 마주보면 어색한지 서로의 눈을 피할 때가 많습니다. 이제 우리 서로 눈을 마주 봅시다. 그리고 웃읍시다. 여러분이 웃음 짓는 함박 미소와 웃음으로 인해 내가 살고 있는 지역을 미소 마을로 만듭시다. 미소가 미소를 부릅니다. 웃는 얼굴에 절대로 침 못 뱉습니다. 전도는 나의 미소로부터 시작됩니다.

(2) 전도는 대화가 중요합니다.

좋은 대화는 열린 대화를 해야 합니다. 전도에 있어서도 열린 대화가 필요합니다. 열린 대화는 사람들에게 감동을 줍니다.

닫힌 언어는 이런 말입니다.

"수연 씨, 나랑 결혼할 거야 안 할 거야!"

열린 언어는 이런 말입니다.

"수연 씨, 내가 수연 씨를 진심으로 사랑합니다."

닫힌 언어는 이런 말입니다.

"예수 믿습니까? 안 믿습니까? 예수 믿지 않으면 지옥 갑니다. 예수 믿지 않으면 짐승만도 못한 사람입니다."

열린 언어는 이런 말입니다.

"예수 믿으시죠? 자매님, 예수님은 자매님을 사랑합니다. 예수님께서는 자매님의 모든 죄를 사해주시기 위해서 이 땅에 오셨습니다."

닫힌 언어는 상대방에게 상처를 줄 수 있지만 열린 언어는 상대방에게 감동을 줍니다.

어느 여호와증인 할머니에게 전도자가 "할머니, 젊었을 때 정말 아름다우셨겠어요. 지금도 정말 아름다우세요"라고 칭찬하자, 할머니는 자기가 믿던 여호와증인을 버리고 예수님 품으로 돌아왔다는 이야기가 있습니다.

어느 집사님과 대화 속에 자기가 다니는 교회는 예쁜 옷을 입고 가도 칭찬이 없고 질투만 있다고 하는 말을 들었습니다. 우리 전도자들은 칭찬이 입에서 떠나서는 안됩니다. 상대방에 잘 맞는 말을 선택하여 사용하면 상대방을 행복하게 해 줄 수 있는 것이 칭찬입니다.

03 선정단계 : 사과 열매솎기 (사과전도 대상자 선정하기, 117운동)

6월 초면 어린 사과가 자라면서 차츰 사과의 모습을 갖추어가게 됩니다. 꽃눈 하나에는 어린 사과가 5개 내지 6개가 생기는데 그중에 가운데 것 하나만 남겨두고 나머지는 솎아내야 합니다.

전도에 있어서도 접촉을 한 사람들을 다 전도의 열매로 맺을 수 없습니다. 비신자들을 접촉하는 중에 복음에 대해 수용성을 보인 사람들을 중심으로 전도대상자를 선정할 수 있습니다. 이것은 노방전도나 관계전도에서도 마찬가지입니다.

그래서 앞에서 이야기한 대로 사과전도에서는 비신자를 세 가지 대상으로 나눕니다. 나누는 방법은 복음에 대한 수용성이 있는 사람과 없는 사람을 중심으로 나눕니다.

완사, 반사, 풋사, 이 이름에서 느낄 수 있는 것처럼 우리 주변에는 세 종류의 비신자들이 있습니다. 모든 사람들이 우리의 전도대상자들이지만 그 중에서도 복음에 대한 수용성이 높은 사람들부터 전도하는 것이 효과적입니다. 하나님이 우리에게 지혜를 주셨습니다. 접촉하다 보면 전도 대상자를 만날 수 있습니다. 관계전도든지 노방전도든지 대상자를 분명히 정하는 것이 전도하는데 많은 유익을 줍니다.

매일 같이 모든 사람에게 전하는 것도 좋지만, 타깃을 정해놓고 효과적으로 접근해 가는 것이 바람직합니다. 사과전도에서는 전도대상자를 적는 사과가 준비되어 있습니다.

뒷면을 보면, 전도대상자의 이름과 주소, 전화번호, 그리고 사진을 붙

일 수 있게 되어 있습니다. 그 기록한 한 개는 자신이 매일 들고 다니며 기도하고, 또 다른 한 개는 교회에서 데커레이션을 통해 전도 열매를 맺기 위해 주렁주렁 매달아 놓게 할 수 있습니다. 아니면 교회의 의자 위에 붙여서 그 자리에 앉는 사람이 누구든지 간에 예배시간 중에, 아니면 함께 통성으로 하는 기도시간에 기도할 수 있습니다. 이 기도회를 통하여 많은 사람이 주님께로 돌아오는 역사가 많이 있습니다.

04 선물단계 : 사과 봉지 씌우기 (사과전도 선물하기, 153운동)

"선물은 그 사람의 길을 너그럽게 하며 또 존귀한 자의 앞으로 그를 인도
하느니라"

(잠 18:16)

6월 중순쯤 되면 사과가 차츰 커져서
지름이 3센티미터쯤 됩니다. 어떤 품종
은 병충해로부터 보호하고 빛깔을 좋게
하려고 종이 봉지를 씌웁니다.

전도에 있어서도 전도대상자에게 사랑의 봉지가 필요합니다. 이것은
사과를 병충해로부터 보호하고 빛깔을 좋게 하려고 많은 수고를 하는
것처럼 봉투를 씌우는 것은 사랑의 수고가 들어갑니다. 이것은 선물이
라고 할 수 있습니다.

이것을 하기 위해서는 성도 개개인의 가계부에 전도비 항목을 세워야
합니다. '교회에 헌금하는데 알아서 교회에서 하면 되지 개인적으로 할
필요가 있을까' 하는 생각을 갖고 있다면 그런 부정적인 생각을 버리고
개인의 가계비에 전도비를 세우는 것이 중요합니다. 하나님은 이것을
기뻐하십니다.

나의 땀과 수고가 있는 물질을 가지고 비신자들을 전도할 때 선물비
로 사용한다면 하나님께는 영광이 되고 자신에게는 큰 기쁨이 됩니다.
전도에 있어서 선물은 중요합니다. 저는 강조합니다. "전도는 입으로
하고, 발로 하고, 선물로 한다."

뇌물은 사람의 눈을 어둡게 하지만 선물은 사람의 마음의 문을 열게
합니다. 어떤 때는 백 마디의 말보다도 사랑이 담긴 선물이 쉽게 그 사
람과 친해질 수 있고 가장 호소력이 강할 때가 있습니다. 선물은 상대방

에게 고마운 마음을 주고 호감을 얻을 수 있는 것이므로 전도대상자를 만날 때 선물을 준비하는 것이 좋습니다.

전도대상자를 완사 또는 반사로 선정했다면 그 사람을 위한 전도 선물 작전에 돌입해야 합니다. 저는 전도할 때 그 사람에게 맞는 선물을 합니다. 비싼 것을 하는 것이 아니라 할아버지 할머니들에게 필요한 선물(손톱깎기에 확대경이 달려 있는 돋보기 손톱깎기, 숫자가 크고 잘 보여 번호가 누르기 편한 '빅 버튼 전화기', 허리가 불편한 어른들이 몸을 구부리지 않고도 물건을 집을 수 있는 '다용도 집게 가제트 팔' 등 값도 싸고 필요한 물품들이 많이 있습니다), 그리고 주부들에게 필요한 선물(주방용품과 누구나 써도 부작용이 일어나지 않는 화장품 종류 등), 아저씨들에게 필요한 선물(운동용품 또는 자동차용품) 아이들에게 필요한 선물(여러 가지 학용품 및 간식 쿠폰 등)을 준비합니다.

이 선물은 접촉자들에게 주는 것이 아니라 전도대상자, 즉 완사를 중심으로 줍니다. 선물을 받은 사람들은 처음에는 어리둥절한 표정을 짓다가 감사함으로 돌아서는 것을 볼 수 있습니다.

저는 지금까지 많은 교회들이 동일한 선물을 주는 것을 보아왔습니다. 그런데 이런 선물들은 접촉자들과 접촉할 때는 도움은 되지만 전도대상자를 선정해서 직접 전도할 때는 도움이 되지 못합니다. 선물은 주는 사람도 기쁘고 받는 사람도 기쁘게 받을 수 있는 선물이 좋습니다. 그리고 주면서도 부담스럽지 않고 받으면서도 웃으면서 부담스럽지 않게 받는 선물이 좋습니다. 경험으로 볼 때 정성을 다한 선물은 값어치를 떠나서 주는 자나 받는 자나 동일한 기쁨을 느낄 수 있습니다.

혹시 전도대상자에게 선물을 주었는데도 나오지 않는다고 실망을 해서는 안됩니다. 아깝다고 생각해서도 안됩니다. 하나님은 우리가 복음을 전하고 전도하기 위해 사용한 물질을 받으시고 더 좋은 것으로 채워

주시기 때문입니다.

 저뿐 아니라 전도 왕들 대부분은 선물을 준비하며 사는데 익숙해 있습니다. 이 선물 전도는 효과가 큽니다. 우리나라 사람들 대부분은 무엇인가를 받으면 그만한 대가를 하려는 마음들이 다 있습니다. 그냥 공짜로 받기만 하는 사람들은 거의 없습니다. 무엇인가를 받으면 마음에 부담을 다 가지고 있습니다. 사람들은 받기를 좋아하면서도 받기만 하려하지 않습니다. 자신도 무엇인가를 주려합니다. 선물 전도는 사람들의 마음을 움직일 수 있습니다.

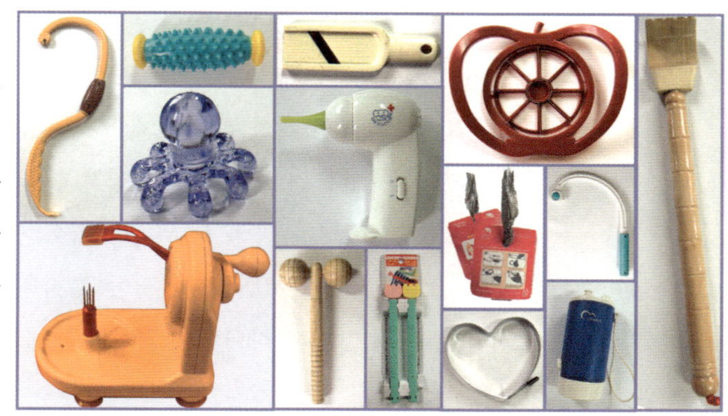

완사들에게 주는 다양한 전도선물

 저는 전도 부흥회나 전도 세미나 또는 전도 헌신예배를 가는 교회마다 성도들에게 질문합니다. 개인 가계부에 전도비를 얼마를 책정할 것인가 질문합니다. 그런데 인천제이교회에서 세미나를 인도할 때였습니다. 개인 전도비에 대해 강의를 하는데 어떤 남자 집사님이 손을 번쩍 들었습니다. 자기가 이 자리에 오게 된 것이 하나님의 은혜였다고 고백했습니다. 자기는 이란에서 사업을 하는 사람인데 하나님께서 이 세미나를 듣게 하시려고 이 자리에 보내주셨다고 고백했습니다. 그리고 자신은 매달 1백만 원씩 이란의 이슬람교를 믿는 사람들에게 바른 복음을 전하기 위해 전도비로 사용하겠다고 했습니다.

 또 신철원제일교회에서 전도회 헌신예배를 인도했을 때, 어느 초등학교 선생님은 자기는 매달 10만원을 전도비로 책정하겠다고 했습니다.

다른 많은 교회의 성도님들 또한 동참을 하겠다고 했습니다. 물론 복음은 말로 전할 수 있습니다. 그러나 효과적인 전도를 위해, 전도 대상자들을 위해 교회에서 단체적으로 준비한 선물이 아닌 그 한 사람을 위해 정성을 다해 준비하는 선물이 훨씬 효과적임을 경험을 통해 알 수 있습니다.

애완견을 키우던 사람들이 애완견을 잃어버렸을 때 거리거리마다 애완견의 사진과 특징이 적힌 종이를 붙여놓고 애완견을 찾기 위해 최선을 다하는 것을 보았습니다. 그리고 사례 50만원 또는 사례 30만원 하겠다고 했습니다. 한 마리의 개를 찾기 위해서도 자신의 땀과 수고와 물질을 투자하는데 천하보다 귀한 잃어버린 영혼을 위해 작은 선물을 준비하는 것은 정말 필요합니다. 전도를 위해 사용하는 물질은 결코 소비가 아닙니다. 이것은 어떻게 보면 가장 귀한 투자입니다. 내가 전도를 하기 위해 사용한 돈은 반드시 하나님이 100배로 풍성케 해주십니다.

"이에 제자들에게 이르시되 추수할 것은 많되 일꾼은 적으니 그러므로 추수하는 주인에게 청하여 추수할 일꾼들을 보내어 주소서 하라"(마 9:37~38)

당신의 교회에 전도마켓을 운영하라

교회마다 복음마켓(사랑의 전도마켓)이 필요합니다. 전도대상자에게 줄만한 선물을 교회에서 여러 종류별로 구입해서 전도자들에게 50%의 가격으로 주면, 전도자들은 자신들의 전도비에서 물건을 구입해서 전도대상자들에게 선물을 나누어줍니다. 전도부실이나 교회 입구 로비에 성도들이 다 볼 수 있는 유리로 된 박스 안에 선물을 진열해 놓습니다. 대상자에 따라 필요한 물건을 구입해서 전도 선물로 사용합니다. 입으로만 하는 전도보다 훨씬 효과가 있습니다.

05 제시단계 : 사과 햇빛 쬐이기 (사과전도 복음제시하기, 111운동)

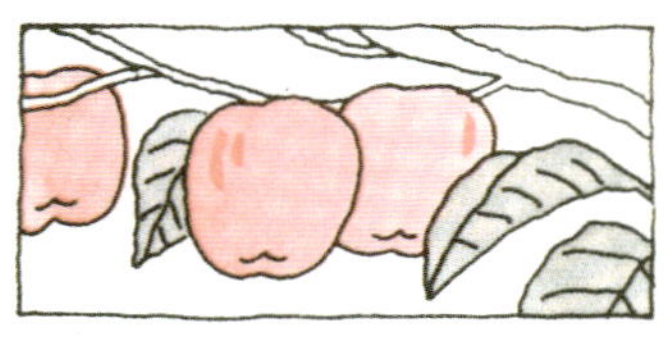

"내가 복음을 전할지라도 자랑할 것이 없음은 내가 부득불 할 일임이라"

(고전 9:16)

9월이 되면 사과가 차츰 단맛을 더해 갑니다. 종이봉지를 씌운 사과는 봉지를 벗기고 햇볕을 쬐어서 빨갛게 물들게 합니다. 나뭇잎에 가려져 있으면 빨갛게 되지 않으므로 사과 가까이에 있는 잎을 따주어 햇빛을 잘 받게 해주어야 합니다.

사과가 다 익어서 추수할 때를 기다리고 있는 것처럼 이때는 러브터치만 하면 딸 수 있습니다. 그러나 마지막 한번 더 최선을 다해야 합니다. 이때부터 가장 중요한 시점이라 말할 수 있습니다. 농부가 최선을 다하여 좋은 열매를 따기 위해 사과에 햇볕을 쬐이는 것처럼 빛 되신 예수님의 능력을 더 의지해야 합니다. 전도대상자에게 빛 되신 예수님을 증거해야 합니다. 복음 증거가 전도에 있어 가장 중요합니다. 복음에 대해 알지 못하는 사람들에게 복음을 증거하는 것은 이제까지 수고했던 것보다 더 중요합니다.

혹시 자신이 복음을 잘 증거하지 못한다면 소그룹이나 구역모임 또는 교회에 데리고 가서 구역장이나 전도사님, 목사님을 통해 복음을 듣게 해주어야 합니다. 즉, 전도의 분업화를 하는 것도 좋습니다. 그러나 모든 사람이 복음을 전할 수 있도록 훈련되어 있어야 합니다.

사과전도에서는 복음을 누구나 쉽게 전할 수 있도록 그림을 통한 3분 복음전도지를 준비했습니다. 제가 쓴 '누구나 전도법'에서도 이야기 했지만 바쁘게 살아가는 현대인들에게 시간을 나누자고 하는 것은 쉽지 않습니다. 그러나 3분 정도는 할애할 수 있습니다. 물론 복음은 1시간도 전할 수 있고 하루 종일도 전할 수 있습니다. 그러나 짧지만 복음의 내용을 확실하게 전하는 훈련이 필요합니다. 내가 믿는 예수님을 비신자들에게 전할 수 있어야 합니다.

쉽고도 맛있는 사과 맞춤전도 복음제시

전도하다 보면 느끼는 것 중의 하나가 가까이 다가가 인사를 하고 첫마디를 꺼낸 후 복음을 어떻게 제시할 것인가가 고민될 때가 많습니다. 순간이지만 참 막막할 때가 있습니다.

관계전도일 경우에는 그래도 시간적인 여유를 갖고 들어줄 마음이 있는 사람에게 전하기 때문에 큰 어려움은 없습니다. 그러나 노방전도나 축호전도를 할 때는 다릅니다. 그들은 전혀 모르는 사람이기에 전도할 때 전도지조차도 받으려고 하지 않습니다.

그러기에 자기가 가장 복음을 효과적으로 전할 수 있는 무기, 복음 제시 전도지를 가지고 있는 것이 중요합니다. 그래서 저는 기도하며 고민하는 중에 3분 복음 제시 전도지를 만들어 그것을 가지고 나가 전도했습니다. 전도의 효과는 너무 좋았습니다.

한번은 길가는 아주머니에게 복음을 전했습니다. 그 자리에서 결신하고 함께 기도하며 하나님께 감사했습니다.

"아주머니, 교회 다니시죠?"

"안다니는데요. 어릴 때 교회를 몇 번 다닌 적은 있어요!"

"아! 그래요. 아주머니 하나님은 아주머니를 너무 사랑하세요. 그래서 저를 만나게 해주신 것 같아요. 지금 급히 가시는 모양인데 아무리 급해도 2분만 저에게 시간을 내주세요."

"네."

"아주머니, 가방이 너무 예쁜데 이 가방이 하늘에서 저절로 떨어졌을
까요? 아니면 만든 사람이 있을까요?"

"만든 사람이 있겠죠."

"그렇죠. 이 가방도 만든 사람이 있다면 이 우주가 저절로 생겨났겠어

요. 아니면 누가 만드신 분이 계실까요?"

"……."

"예! 우주만물을 만드신 분이 계시는데 그 분
은 하나님이세요."

"하나님은 우리가 살고 있는 지구뿐만 아니
라 이 온 우주 만물을 만드셨어요. 그리고 우리 인간도 하나님이 창조하
셨어요(그림을 손으로 짚어가며). 행복하고 복된 삶을 누리라고 하나님
이 모든 자연만물을 갖추어 주신 후 인간을 만들어 주셨는데 그 사람 이
름이 누군 줄 아세요?"

"아담과 이브 아녀요?"

"어떻게 아셨어요? 맞아요. 아담과 하와를 하나님께서 창조하셨어요.
그런데 그만 제일 처음 인간인 아담과 하와가 하
나님의 명령에 순종하지 않고 죄를 지음으로 에
덴동산에서 쫓겨나게 되었고 죄가 들어옴으로
질병과 죽음이 우리에게 왔어요. 성경에는 모든
사람이 죄를 지었다고 말해요. 아주머니는 죄가
있어요, 없어요?"

"있어요."

"맞아요. 죄가 있어요. 이렇게 말하는 저뿐만 아니라 세상의 모든 사람이 죄를 지었다고 성경은 말하고 있어요. 그리고 성경에는 죄의 삯은 사망이라고 말하고 있어요. 그러니까 죄를 지은 모든 사람들은 죽는다고 해요."

"그렇죠."

"네."

"이 땅에 태어나서 죽지 않은 사람은 하나도 없었어요. '죄의 삯은 사망이요 한번 죽는 것은 사람에게 정하신 것이라' 고 성경에는 말씀하고 있어요. 그런데 죽는 것으로 끝나버린 다면 제가 이렇게 전도하지 않아요."

"사람은 죽는 것으로 끝나는 것이 아니라 그 후에는 심판이 있어요. 그 심판은 지옥 심판인데 죽어서 우리의 삶이 끝나는 것이 아니라 그 후에는 무서운 지옥 심판이 기다리고 있어요."

지옥
(Hell)

"우리 인간은 이렇게 불행한 존재로 태어났어요. 인간이면 누구나 이런 일생이 기다리고 있어요. 그런데 하나님이 인간을 바라보실 때 너무 마음이 아프셨어요. 그래서 하나님은 인간에게 사랑을 베풀어 주셨어요. 인간을 구원해 주시기 위해 한 방법을 허락해 주셨는데 그것은 자신의 하나뿐인 아들, 예수님을 이 땅에 보내셔서 죄인들을 위해 십자가에 못 박혀 죽게 하셨어요."

믿음
(Belief)

"예수님은 인간의 죄를 모두 담당하시고, 십자가의 형벌을 당하시고, 죄 없으신 그분이 십자가에 못 박혀 돌아가셨어

요. 하나님은 인간이 어떤 죄를 지었다 할지라
도 자신의 죄를 십자가에 지고 돌아가신 예수
님만 믿으면 모든 죄를 용서해 주시고 하나님
이 의롭다 하시겠다고 약속하셨어요.”

“그리고 예수님만 믿으면 영원한 천국을 선
물로 주시겠다고 말씀하셨어요.”

“아주머니, 예수님이 아주머니를 사랑하세
요. 그래서 제에게 아주머니를 만나게 해주셨
어요. 아주머니 인생에서 오늘이 가장 귀한 시
간입니다. 여기에 천국과 지옥이 있어요. 예수
님을 믿으면 천국이요 믿지 않으면 영원한 지
옥의 형벌을 당하며 살 수밖에 없어요. 예, 감
사합니다. 그래요 이제 저를 따라 기도하세요.
입으로 시인하여 구원에 이른다고 했어요.”

〈영접기도〉

“하나님 감사합니다. 저는 죄인입니다. 오늘 예수님의 이름을 구
세주로 믿고 마음에 영접하겠습니다. 구원해 주신 것을 감사하며
예수님의 이름으로 기도합니다. 아멘!”

“이제 하나님의 자녀가 되었어요. 이름과 주소, 전화번호를 주시
면 제가 기도해 드리고 신앙에 도움이 될 만한 좋은 자료를 보내드
릴게요. 감사해요. 다음주일에 행복플러스교회에서 만나요!”

“감사합니다.”

이 아주머니는 너무 기쁘고 감격한 얼굴로 주님을 영접하고 헤어

졌습니다.

■ 3분 복음 제시 전도지

"추수할 것은 많되 일군은 적으니 그러므로 추수하는 주인에게 청하여 추수할 일군들을 보내어 주소서 하라 하시니라"　　　　　　　　(마9:37~38)

10월이 되면 사과가 빨갛게 물이 들고 당분이 많아져서 꿀도 생깁니다. 이제부터 사과를 추수합니다.

　사과 농사에 있어 가장 큰 기쁨이 있는 시간은 추수하는 시간입니다. 마찬가지로 사과전도에 있어서도 가장 기쁨의 시간은 전도한 영혼이 교회에 등록하는 것일 것입니다. 사과전도에서는 사과대상자 선정하기에서 선정된 전도대상자를 기록하는 사과가 있습니다. 기록한 사과들을 위해서 계속 기도할 때 하나님이 추수의 기쁨을 허락하여 주십니다. 내가 전도한 전도대상자가 교회에 등록하게 되면 의자 위에 있는 사과 위에 작은 스티커를 붙일 수 있습니다. 성도 한 사람이 한 영혼을 전도하기로 결심해야 합니다.

　그리고 추수는 한 달에 한 번 마지막 주일을 추수주일로 지켜도 좋고, 세 달에 한 번 추수주일로 지키는 것도 좋습니다. 그래서 교회에서는 정한 추수주일 때 전도왕을 뽑는 것도 좋은 방법입니다. 교회의 존재 목적이 잃어버린 영혼을 찾는 것이라면 성도 개인과 교회 공동체는 전도에 최선을 다해야 합니다.

　저는 세미나를 인도하기 위해 다닐 때 담임목사님과 전도 담당교역자, 그리고 전도위원장 장로님들께 교회 안의 다른 시상보다 전도 시상을 가장 많이 하라고 권합니다. 교회의 존재 목적이 잃어버린 영혼을 찾아야 하는 것이기 때문에 전도를 입으로만 하라고 하지 말고 그에 맞는 시상을 주라고 말합니다. 그러나 어떤 분들은 이 땅에서 상을 다 받으면 하늘나라에 가서 상을 받을 것이 없다하지만 우리 하나님은 쩨쩨하지 않습니다. 이 땅에서 주는 상을 다 합친다 해도 천하보다 귀한 영혼을 구했는데 그 어떤 상도 크지 않습니다.

작은 교회는 작은 교회의 수준으로, 큰 교회면 큰 교회의 수준으로 시상을 정하면 됩니다. 전도자들은 전도 왕이 되려고 노력하지 않습니다. 전도는 영혼을 사랑하지 않으면 전도할 수 없기 때문입니다. 주님을 사랑하는 마음으로, 비신자들을 사랑하는 마음으로 열심히 전도하다 보니까 전도 왕이 된 것이지 "나는 오늘부터 전도해서 전도 왕이 되야지"라는 마음으로 전도하는 사람은 없습니다. 혹 있다 해도 그런 분들은 전도 왕이 될 수 없습니다. 교회에서는 한 사람의 전도왕도 중요하지만 다수의 많은 성도들이 한 달에 한 명, 아니면 세 달에 한 명, 그것도 안 되면 일 년에 한 명씩이라도 전도하는 것이 더 유익합니다.

이제 교회 안의 오래된 성도님들로부터 초신자에 이르기까지 전도해야 합니다. 예수님을 나의 구주로 고백하는 모든 성도님들은 전도자가 되어서 하나님께 영광을 돌려야 합니다.

사과전도 추수하는 방법

(1) 구역 또는 소그룹(셀)으로 데려가기

우리 교회 어느 성도가 친하게 지내는 동네 언니를 교회로 다른 일 때문에 오라고 한 적이 있습니다. 그런데 이 언니 되는 분이 교회에 올라오는데 마음이 두렵고 떨려서 오기가 너무 어려웠다고 이야기 했다고 합니다. 그런데 그 후 함께 교회에 와서 대화를 하고 식사도 함께하는 가운데 이야기하기를 이제는 그 두려움과 떨리는 마음이 없어졌다고 했습니다.

제가 그분의 이야기를 듣고 생각한 것은 "문화적인 환경이 전혀 다르고 교회에 다녀본 적이 없는 사람들은, 초등학교 시절 절이 있는 주변으로 소풍을 갔을 때 두렵다기보다는 아예 보기조차 싫었던 적이 있었던 것처럼 마음에 충격이 있었겠다"라는 생각을 했습니다.

비신자들을 교회로 바로 데려오는 것은 정말 좋지만 구역이나 셀 그룹으로 먼저 초청하는 것이 중요합니다. 왜냐하면 구역이나 소그룹을 통해 교회로 전도되어 나오는 사람들의 대부분은 교회에 정착을 잘 합니다. 그러나 초청주일 또는 태신자 잔치 때 억지로 나온 사람들은 그 다음 주일이면 한 명도 나오지 않는 것을 우리는 너무 많이 보았습니다. 그런데 구역 또는 소그룹에 나가 그들과 함께 친해지고 대화가 되면 거의 모든 사람들이 정착하는 것을 볼 수 있습니다. 그리고 전도하는 사람들도 교회로 바로 데려오는 것보다 조금은 쉽게 데려갈 수 있는 이점이 있습니다. 요즘은 사역별 소그룹도 있지만 많은 교회들이 취미별 그룹이 있어서 자기가 좋아하는 취미를 가진 사람들이 함께 할 때 더 빨리 교회에 적응할 수 있고 정착률 또한 높습니다.

(2) 교회로 데려가기

전도하다 보면 관계전도나 노방전도나 할 것 없이 준비되어 있는 많은 비신자들을 봅니다. 이런 분들은 바로 교회로 초청할 수 있습니다. 하지만 전도를 했어도, 그리고 예수님을 영접하게 했어도 바로 그 다음 주일에 나오는 것은 적었습니다. 몇 주 또는 어떤 분들은 몇 달이 지난 후에 나오는 것을 볼 수 있습니다. 이때 절대로 조급한 마음을 갖지 말고 기도하면서 교회로 인도하면 됩니다.

교회로의 초청은 교회의 절기가 좋습니다. 아무래도 절기 때가 되면 잔치분위기가 교회에 무르익고 사람들의 옷차림도 마음도 밝아져 있습니다. 전도대상자를 교회로 초청할 때 이런 절기를 이용하면 좋습니다. 교회에서 따로 전도초청잔치나 태신자초청잔치를 하지 않는다 해도 스스로 절기에 맞춰 초청주일로 생각하고 데리고 나가는 것이 좋습니다. 그리고 교회에서는 추수주일을 정하는 것이 좋습니다. 추수주일은 세 달에 한 번이 좋습니다.

구역이나 소그룹으로 데리고 가지 못한 비신자라 할지라도 교회 전체적으로 분기별로 한번 추수주일을 정해놓고 함께 하는 전도를 한다면 좋은 열매를 맺게 됩니다. 교회가 전도지향적인 교회로 변화됩니다. 많은 성도들이 전도에 동참하게 됩니다. 개인적으로 초청주일을 생각하고 하는 것보다 교회적인 초청주일이 있다면 훨씬 전도하려는 마음의 자세부터 힘이 생깁니다.

(3) 전도 개근상 시상

매일 전도지를 10장씩 나누어준 성도들에게 시상을 합니다. 체크는 담당교역자가 하며 전도통장으로 확인할 수도 있습니다.

(4) 전도왕 시상

한 달마다 전도왕을 시상합니다. 상품은 교회에서 주는 상품 가운데 가장 좋은 것으로 하면 좋습니다. 이것은 전도에 대한 열정을 확산시키기 위해 좋은 방법입니다. 매달 마지막 주에 전도왕을 각 부서별로 뽑는 것이 좋습니다. 교회 주보나 홈페이지에, 그리고 현수막에 전동왕들의 이름을 적어 함께 축하해 주는 것 또한 좋은 효과가 있습니다.

07 양육단계 : 사과 거름주기 (사과전도 양육하기, 152운동)

"우리가 그를 전파하여 각 사람을 권하고 모든 지혜로 각 사람을 가르침은
각 사람을 그리스도 안에서 완전한 자로 세우려 함이니 이를 위하여 나도
내 속에서 능력으로 역사하시는 이의 역사를 따라 힘을 다하여 수고 하노라"
(골 1:28~29)

추수를 한 후에 사과나무가 다시 열매를 맺게 하기 위해서 잘 자라게 하려면 봄에 눈이 트기 전까지 거름을 주어야 합니다.

하나의 사과를 얻기 위해 농부가 쏟은 사랑의 손길은 소중한 것이며 귀한 사역의 열매입니다. 한 명의 비신자를 얻기 위해 전도자가 쏟아 부은 사랑의 손길은 그보다 더 위대한 것입니다. 그러나 교회로 데리고 온 것으로 끝나서는 안됩니다. 전도대상자를 교회에 전도했다면 자신이 전도한 사람들을 교회의 교역자들 또는 소그룹의 지도자들과 함께 양육하는 것이 좋습니다.

엄마가 아이를 낳기 전 10개월 동안 모든 정성을 기울이고 태어난 이후에 더 많은 정성을 기울이는 것처럼 전도한 것으로 만족해서 교회에다 맡기고 자신은 자기의 할 일을 다 한 것처럼 돌보지 않는 것은 바람직하지 않습니다. 물론 전도의 열매를 맺은 것에 힘찬 박수를 보냅니다. 그러나 교역자들과 함께 새신자들을 돌보면 좋습니다. 아무래도 그 사람을 잘 아는 사람은 교역자들보다 그 사람을 전도한 사람이 더 잘 알 수 있기 때문입니다.

북한 사람들은 어머니를 '오마니'라고 부릅니다. 이 말은 사투리라기보다 한 사람이 태어나서 인간구실을 제대로 할 수 있으려면 5만 번 정도의 어머니의 손길이 미칠 때 제대로 된 인간이 될 수 있다는 말이라고

합니다.

　물론 전도도 힘들고 어렵지만 전도자가 양육을 할 수만 있다면 새신자에게 지속적인 관심을 가지고 기도해야 합니다. 일 년 정도는 기도하며 믿음이 흔들림 없이 자랄 수 있도록 자신이 전도한 새신자를 섬기는 것이 좋습니다.

오래된 성도······ 맞춤전도!

 사과전도왕

오래된 성도 맞춤 전도 |고목생화(枯木生花)|

얼마 전 나는 '진돗개 전도왕' 박병선 집사님의 간증을 들었습니다. 재미도 있고 은혜로운 간증이었습니다. 그는 종가 집 종손이었고 예수의 '예'자만 들어도 손사래를 치던 사람이었습니다. 친구들 중 예수 믿는 사람은 한 명도 없었습니다. 그는 비정상인과 정상인의 기준을 예수를 믿느냐, 믿지 않느냐에 두었을 정도로 기독교 신앙에 배타적이었습니다. 그런데 2002년 2월 3일, 어머니와 아내, 그리고 자녀들의 눈물어린 기도로 교회에 첫 출석 했습니다.

그런데 기계총 걸린 소년의 머리처럼 빈자리가 듬성듬성한 예배당을 보고 특유의 도전정신이 발동했습니다. 예배 참석 첫날, 그는 담임목사와 제직들을 음식점에 초대하고 일장 훈계를 했습니다.

"교회를 이렇게 잘 지어놓고 빈자리가 많으면 어떡합니까? 여러분이 새 신자 한 사람씩만 데려오세요. 나머지는 제가 책임집니다. 연말까지 예배당을 가득 채웁시다. 좀 열심을 내세요."

목사도 장로도 모두 웃었습니다. 교회에 처음 나온 사람에게 한 대 얻어맞은 것 같기도 하고, 그 순진무구한 당돌함에 어이가 없기도 하고, 초신자가 사람 잡겠다고 수군대는 사람도 있었습니다. 그러나 집에 돌아와 정신을 차리자 깊은 고민에 잠겼습니다. 성경이 뭔지, 전도가 뭔지도 모르는 사람이 도대체 무슨 수로 예배당을 채운단 말인가. 나서기

좋아하는 성격 때문에 괜한 짓을 한 것이 후회막급이었습니다. '내가 참 미쳤지, 이 무슨 낭패란 말인가.'

그날 밤, 그는 무릎을 꿇고 기도를 드렸습니다. 그가 말해온 것처럼 스스로 비정상인이 된 것입니다. 그날부터 기도를 하다가 넋을 놓고 눈물을 흘리는가 하면 전도를 위해 새벽에도 달려 나갔습니다. 성경 수백 권을 구입, 사무실에 쌓아놓고 선물할 사람들을 물색했습니다. 그는 완전히 새사람이 됐습니다. 그 후 박병선 집사님은 예수님을 믿은 지 일년 만에 8백 명이 넘는 사람을 전도했고, 전국의 각 교회를 다니며 많은 성도들에게 도전을 주기 위해 간증하고 있습니다.

간증을 들은 많은 성도들이 신앙의 연륜이 더 오래되었어도 전도하지 못했던 자신의 모습이 부끄럽다고 고백하는 이야기를 많이 들었습니다. 그렇습니다. 지금 조국의 교회를 볼 때 박병선 집사님보다 신앙의 연륜이 더 오래된 성도들이 많습니다. 그런데도 신앙의 연륜은 오래 되었지만 전도하지 못하는 사람들이 얼마나 많은지 모릅니다.

네비게이토 창시자 도슨 트로트맨은 집회 때마다 "지금까지 여러분을 통해 구원받은 영혼은 몇 명이나 됩니까? 만약 전도를 하지 못했다면 이유가 무엇입니까?"라는 말로 사람들에게 도전을 주었습니다. 이것은 오늘 우리에게 던지는 중요한 질문입니다.

영적인 고목이 되어 몇 십 년 동안 신앙생활하면서도 단 한 명에게도 그리스도를 전하지 않았다면 정말 잘못된 것이고 심각하게 회개해야 합니다. 전도는 명사가 아니라 동사입니다. 이미 운전면허를 딴 사람은 실제로 차를 운전해야 합니다. 이론서만 복습하면서 시간을 보내서는 안됩니다. 영적인 고목들은 수많은 전도 이론과 세미나를 마친 분들이 많습니다. 전도훈련을 받은 분들도 많습니다. 아직까지 이론서만 복습하면서 시간을 보낸다면 그는 어리석은 사람입니다. 예수님을 믿는 성도에게는 이미 전도 면허증이 주어졌습니다. 우리 이제 나갑시다! 전도 합시다! 지금 합시다! 내가합시다! 하면 됩니다!

나는 언젠가 폐목이 되기 일보직전의 고목을 본적이 있습니다. 자태는 나무의 모습을 갖추고 있는데 꽃을 피우지 못하고 이제 열매조차 맺지 못하는 고목을 보고 마음 아파했습니다. 왜냐하면 그 고목이 나 자신을 바라보는 듯한 착각을 해서 그랬는지 모릅니다. 신앙생활은 오래 했지만 열매 맺지 못한 무화과나무처럼 서있는 자신의 모습과 비교되는 것 같아 마음이 아팠습니다.

손명자의 수필집 '새잎은 나목이 키운다' 에 이런 글귀가 있습니다.

"고목은 서 있는 모습이 초췌하여 연민을 느끼게 한다. 신이 부여한 긴 세월 동안 자신을 잘 관리하지 못한 흔적이 구석구석 묻어 마르고 부러지고 문드러져 있는 것이다. 그것은 주변에 없어야 좋을 짐스러운 존재로 서 있다."

그러나 후회만 하고 실망해서는 안됩니다. 예수님의 비유 가운데 포도나무 비유가 있습니다. 열매 맺지 못하는 나무를 찍어 불에 던지라고 명령하는 주인의 말씀에 과원지기가 말합니다. "일 년만 참으소서."

주님은 우리에게 또 시간을 허락해 주셨습니다. 고목 같은 우리에게 예수님은 기회를 또 다시 부여해 주셨습니다. 고목이 살아나야 합니다. 고목에 꽃이 피어야 합니다. 고목에 열매를 맺어야 합니다. 할 수 있습니다. 고목 같은 자라 할지라도 하나님은 전도에 순종하는 자에게 열매를 맺게 하여 주십니다.

얼마 전 나는 '이젠 농사도 따따블 벤처다' 라는 책을 읽고 큰 감동을 받았습니다. 제가 감동받은 내용은 폐목재생법 개발을 통해 사업에 성공한 백영화 사장의 성공 스토리였습니다.

백 사장은 나무에 해박한 지식을 바탕으로 별난 농사를 짓는 사람입니다. 그는 지금 고목에 싹을 틔워 꽃을 피우고 열매까지 맺게 하는 고목생화의 작업을 하고 있습니다. 그는 어딜 가나 그 존재가치가 없어도 좋을 듯한 고목나무에 새로운 가치를 부여해 엄청난 가치가 있는 나무로 변화시키고 있습니다. 좀 더 사실적으로 표현하면 백사장은 거의 죽어가는 나무를 되살려 생명을 지켜주는 역할을 하고 있습니다. 물론 그것에 따른 높은 수익성을 올리는 아이디어 농사꾼입니다.

백사장은 모두 고사 직전의 나무라 할지라도 자신의 손에 들어온 나무는 거의 다 재생시킵니다. 처음엔 뿌리자체가 힘을 잃고 죽어있지만 50년생 이하는 농장에 들어 온지 25일, 그리고 50~100년생 이상은 2~3개월이면 뿌리가 내리며 새로운 생명력을 갖게 된다고 말합니다.

그러면 어떻게 죽어가는 나무를 살리는 폐목 재생법이 가능할 수 있을까요? 백사장은 고목생화를 하게 된 동기를 이렇게 말합니다.

"30여 년 전 제가 온실 받침으로 쓰던 각목이 부러져 다른 각목으로 바꾸려고 나무를 땅에서 뽑았는데 뿌리가 살아 있더라구요. 거기서 힌트를 얻었죠."

죽었다고 생각했던 폐목도 뿌리가 살아있고 수분이 남아있다면 살릴 수 있는 것처럼 영적 고목이 되어 열매를 맺지 못하는 성도라 할지라도 말씀의 뿌리가 살아있고 주님을 사랑하는 영적인 수분이 조금이라도 남아있다면 전도의 열매를 드릴 수 있다고 확신합니다. 고목도 고목 재생법을 통해 살아나듯이 영적인 고목 같은 성도들도 열매를 맺을 수 있습니다.

그리고 하루 종일 실내온도 70도에서 시작하여 30도까지 열관리를 해주고 야간의 실내 온도도 20도 밑으로 내려가지 않게 열관리를 해주는 것처럼 자신을 성령님께 맡기고 주님을 사랑하고 이웃을 사랑하는 열정을 가지고 비신자들의 불쌍한 영혼을 위해 뜨겁게 간구하면 죽어가던 전도의 열정이 살아납니다. 기도 외에는 이런 유가 있을 수 없다고 하신 예수님의 말씀처럼 기도할 때 영혼 사랑에 대한 뜨거움이 살아나게 됩니다.

그리고 지금 바로 실천해야 합니다. 영적인 고목들이 성령님의 역사로 살아 움직이기 시작한다면 한국교회는 제2의 부흥기를 맞이할 수 있습니다. 오랜 세월 신앙생활을 하는 동안 많은 영적인 자양분들이 저들의 삶에는 분포되어 있습니다. 이제 일어나 전도로 결집만 되면 됩니다.

백영화사장의 고목을 살리는 성공 비결

· 죽었다 생각되는 나무라도 나무 안의 수분증발이 억제된다면 충분히 뿌리를 내릴 수 있다.

· 한국 활엽수는 3월 25일~4월 25일에 밑 둥을 자른다. 단 폐목을 구할 땐 자른 지 한 달이 넘지 않은 것으로 구한다.

· 폐목을 토막 내 하루 종일 실내온도 70도에서 시작 점차 온도를 내려 주면서 30도까지 열관리를 해준다.

· 그 뒤 나무의 수분이 빠져나가지 않도록 하며 야간 실내온도가 20도 밑으로 내려가지 않도록 관리한다.

· 수령이 50년을 넘기지 않은 폐목은 25일부터, 수령이 50년에서 100년은 2~3개월 뒤부터 새로운 뿌리가 내리면서 영양분이 돌기 시작한다.

오래된 성도 전도 기본기 다지기

교회를 오래 다녔다고 해서 전도하는 것이 아닙니다. 오히려 오래된 성도들이 전도하기를 더 어려워하는 것을 보았습니다. 또 신앙생활 한 지 오래 되어서 주위에 믿는 사람들이 많아서 그런지 관계전도도 어려움을 겪는 분들이 많습니다. 그러나 전도는 그럼에도 불구하고 해야 합니다. 과거에 전도한 것은 이제 말하지 말고 오늘 전도한 이야기를 할 수 있는 성도들이 되어야 합니다. 전도도 안하다가 하면 너무 어렵습니다. 말하기조차 어려움을 느낄 때가 많습니다.

"20년간 교회에서 중요한 직책이란 직책은 모두 맡아보았던 집사님이 계십니다. 교회 안에서도 좋은 평판과 지역에서도 존경하는 그런 분이었습니다. 이 집사님의 약점은 단 한 명도 전도해 본 경험이 없다는 것입니다. 그런데 어느 주일 부산에서 이사를 오신 여 집사님 한 분이 교회에 출석하기 시작했습니다. 그 여 집사님은 매주 많은 영혼들을 예배시간 때마다 등록을 시켰습니다. 이 집사님은 새신자들을 '우르르' 데리고 들어와 새 신자들을 다정하게 사랑해 주는 모습을 집사님은 매주 성가대 석에서 바라보고만 있었습니다. 그러면서 집사님은 이렇게 생각했습니다. '도대체 나는 저 집사님과 무엇이 다른가? 나와 별로 다를 것이 없는데 어떻게 매주 저렇게 여러 사람씩 데려오는가? 20년 동안 신앙생활을 했으면서도 일주일에 한 사람도 전도하지 못하고 있는 나는 뭔가?' 집사님의 마음속에는 '나도 전도하고 싶다' 는 갈등이 일어나기 시작했습니다. 좋은 질투가 나기 시작했습니다. 집사님은 마침내 결단을 내렸습니다.

그리고 3일 동안 금식기도를 했습니다. "하나님, 이 사람이 전도하는 것을 보니까 정말 부럽기도 하고 오기도 생기고 배가 아파서 견딜 수가

"

없습니다. 저에게도 전도할 수 있는 능력을 주십시오. 저는 내성적이어서 스스로 전도할 수 없고 자신도 없습니다. 저를 좀 도와주세요. 저를 사용하여 주세요"라고 뜨겁게 기도했습니다. 그런데 철야기도를 하던 중 둘째 날 밤 찬송가 271장으로 기도 응답을 받았습니다. '익은 곡식 거둘 자가' 라는 찬양이었습니다. 그 곡에서 "내가 어찌 게을러서 앉아 있을까?"라는 내용이 집사님의 마음에 다가오기 시작했습니다. 이때 집사님은 계속 울면서 기도했습니다.

"하나님 제가 게을러서 전도하러 나가지 못했어요. 이제 제게 능력만 주시면 이 게으름에서 벗어나 전도하러 나가겠습니다. 이제 제게 말할 수 있도록 입술을 열어주시고 전도하는 것이 부끄럽지 않도록 담대함을 주시면 제가 나가겠습니다."

그 후, 집사님은 교회에서 하는 전도훈련을 받았고 지방에서 이사를 오신 전도를 잘하는 집사님과 함께 다니기 시작하면서 집사님을 통해 전도 시 필요한 내용들을 배우기 시작했습니다. 그로부터 6개월 후 이 집사님은 158명이 넘는 새신자들을 교회로 인도할 수 있었습니다.

우리는 전도자가 되기 위해 집사님의 전도 방법을 배워야 합니다.

첫 번째, 전도는 결심이 우선입니다.

전도자가 되려는 마음은 성도라면 누구나 있습니다. 오래된 성도들에게는 숙제처럼 마음 한구석에 전도에 대한 아픔이 있습니다. 이 마음조차 없다면 우리의 신앙을 다시 되돌아봐야 합니다. 정말 전도하기를 원하십니까? 전도하려는 마음의 소원이 있습니까? 그렇다면 전도하기로 결심해야 합니다. "나 결심했네! 전도하기로!" 결심이 섰다면 그동안 전도에 대해 가졌던 부정적인 생각을 다 버려야 합니다. 사람의 행동은 생각에서 나오기 때문에 생각이 바뀌지 않으면 행동이 바뀌지 않습니다. 사람의 행동이란 생각의 범위를 넘어설 수가 없기 때문입니다. 사람은 부정적인 고정관념을 갖게 되면 그 생각 속에 언어가 변화되고 그 언어에 따라 자신의 행동이 제한되어 버립니다. 그러므로 전도자가 되기로 결심했다면 먼저 생각을 바꾸고 우리의 언어를 바꿔야 합니다. 전도에 대한 우리의 언어가 바뀌어 질 때 우리는 전도자로서의 첫 발을 내딛을 수 있습니다.

두 번째, 전도자가 되려면 언어가 달라져야 합니다.

전도자가 되려면 먼저 우리의 언어가 달라져야 합니다. 전도하려면 성도의 입에서 부정적인 말이 나와서는 안됩니다. 오래된 성도들의 입에서 이런 소리가 나올 때가 많습니다. 초신자들은 감히 이런 생각을 하지도 못합니다. 우리들의 입에서 이런 소리는 이제 입 밖에 내서도 안됩니다. 하나님이 가장 싫어하는 소리이기 때문입니다.

"이 시대에 전도는 안된다"라고 말하지 맙시다.

"나는 다른 것은 다해도 전도는 못한다"라고 말하지 맙시다.

"나 같은 사람이 무슨 전도를 하냐! 전도는 믿음이 좋거나 잘난 사람이 하는 것이다"라고 자기 비하적인 말을 하지 맙시다.

"한번 교회에 나오게 한다고 예수를 믿겠는가?"라는 부정적인 말을 하지 맙시다.

"한 사람 전도한다고 무슨 큰 효과가 있겠는가?"라는 의심의 말을 하지 맙시다.

"왜 공연히 사람만 들볶는지 모르겠다"라고 불평의 말을 하지 맙시다.

"나는 데려올 사람이 없다"라고 단정하지 맙시다.

"귀찮으니까 나는 모르겠다"라고 말하지 맙시다.

"전도지를 주면 다 버린다"라고 부정적인 말을 하지 맙시다.

"예산만 낭비하는 전도는 왜 하느냐"라는 말을 하지 맙시다.

이제 이렇게 우리의 언어가 달라져야 합니다.
"이 시대에도 전도되어 지고 있다."
"다른 것 잘하는 것도 좋지만 한 생명 살리는 전도가 우선이다."
"나같이 부족해도 전도할 수 있다. 전도하면 하나님이 힘과 능력을 부어주신다."
"한번 교회에 나와도 하나님의 은혜로 예수 믿을 수 있다."
"내가 전도한 한 사람이 수많은 사람을 전도할 수 있다."
"영적인 업그레이드를 하시려고 훈련하는 것이다."
"내 주위에 수많은 사람들이 있다."
"귀한 것일수록 힘이 든다. 그러나 참 보람이 있다."
"버린 전도지를 통해서도 예수님을 믿는 사람이 있다."
"한 영혼이 천하보다 귀하다."

세 번째, 전도하기 위해 기도해야 합니다.

전도하기 위해서는 기도해야 합니다. 예수님도 전도하기 전에 기도하셨습니다. 한 영혼을 살리는 일은 기도 없이 불가능 합니다. 그리고 그 마음을 가질 수 있는 것 또한 기도 없이는 불가능 합니다. 전도자가 되기 위해서는 기도해야 합니다. 영혼을 사랑하는 마음이 내게 있게 해달라고 기도해야 합니다. 나 자신을 위해 기도했던 기도의 내용들이 이제는 불신 영혼 구원을 위해 하나님 앞에 매달려야 합니다. 전도할 마음을 내게 부어 달라고 기도해야 합니다. 전도의 지혜를 달라고 기도해야 합니다. 전도 할 때 성령님의 인도를 받게 해달라고 기도해야 합니다. 담대히 전할 수 있는 능력을 내게 부어달라고 기도해야 합니다. 전도의 결실을 맺게 해달라고 기도해야 합니다.

예수님도 전도하시기 전에 새벽미명에 기도하셨습니다. 예수님도 전도하시기 전에 기도하셨다면 전도를 위한 우리의 기도는 중요합니다.

"새벽 오히려 미명에 예수께서 일어나 나가 한적한 곳으로 가사 거기서 기도하시더니 시몬과 및 그와 함께 있는 자들이 예수의 뒤를 따라가 만나서 가로되 모든 사람이 주를 찾나이다 이르시되 우리가 다른 가까운 마을들로 가자 거기서도 전도하리니 내가 이를 위하여 왔노라"(막 1:35~38)

네 번째, 전도는 훈련과 실천이 필요합니다.

전도에 있어 훈련은 중요합니다. 신학자 라인홀드 니버는 이런 말을 했습니다. "교인들이 아무리 믿음이 좋고, 아무리 성경을 많이 읽고, 아무리 교회에 오래 나왔다고 해서 유능한 전도자가 되는 것은 아니다. 유능한 전도자를 만들려면 훈련을 시켜야 한다."

그렇습니다. 전도자란 처음부터 태어나는 것이 아니라 훈련을 통하여 다듬어지고 만들어집니다. 전도자란 세미나 한번 참석했다고 전도자가 되는 것이 아닙니다. 전도 설교 열 번 들었다고 갑자기 전도자가 되는 것도 아닙니다. 전도자가 되기 위해서는 훈련이 필요합니다.

폭탄은 누구나 던질 수 있지만 훈련받지 않고 던진다면 불발탄이 되기 쉽습니다. 안전핀을 제거하는 훈련을 받지 않았기 때문입니다. 아무리 사과전도가 쉬운 전도라고 해도 기본적인 훈련은 받아야 합니다. 그리고 전도는 이론만을 배워서는 안됩니다. 전도는 현장 훈련이 중요합니다.

이 집사님은 직접 전도의 현장에 나가서 훈련을 받았습니다. 처음에는 가만히 따라다니며 집사님의 전도 방법을 유심히 보았습니다. 그리고 훈련받은 대로 다른 사람에게 전도했습니다. 전도는 현장 실습이 중요합니다. 아무리 이론적인 공부를 했다 해도 전도의 현장에 나가지 않으면 그만 녹슬어 버립니다. 이론적인 것은 조금 부족해도 현장에 나가면 하나님이 역사해 주십니다. 이 책을 읽는 성도들 중에 전도하기를 굉장히 원하는데 두려움이 앞서서 어떻게 해야 할지 염려가 되는 분은 아래의 내용에 맞춰 훈련을 받으면 좋은 효과를 거둘 수 있습니다.

▶1단계 : *매일 전도쪽지 20장씩 대문에 붙이기*

매일 20장씩 내게 맡겨진 대문에 전도쪽지를 부착합니다. 그런데 처음에는 쉬운 것 같아도 이것 또한 쉽지 않습니다. 누구하나 보지도 않는데 창피하기도 하고 두렵기도 합니다. 그러나 매일 20장씩 대문에 전도쪽지 붙이기 훈련을 일주일만 하고 나면 전도에 대한 기본적인 자신감이 살아납니다. 그리고 마음속에는 성령님께서 주시는 평안을 느낄 수 있습니다.

▶2단계 : *매일 전도지 20장씩 나누어주기*

두 번째 훈련으로 한 주간 동안 매일 전도지 20장 분량인 140장씩을 성도들에게 나누어 줍니다. 그리고 미인대칭으로 가까이 다가가게 한 후 전도지를 나누어주게 합니다.

처음 대문에 복음이 담긴 전도지를 부착한 경험이 있기 때문에 이번 단계는 조금 더 수월합니다. 그러나 이제는 두려움과 창피함이 몰려올 수 있습니다. 한번도 동네 주민이나 다른 사람에게 예수 믿으라고 한 적이 없었던 성도는 나누어주는 전도 방법도 할 수 없습니다.

▶**3단계** : *매일 전도지를 나누어주며 "예수 믿으세요, 또는 예수 믿으시죠"라고 묻기*

세 번째 훈련으로 전도지를 주위 사람이나 길 가는 사람들에게 나누어줄 수 있다면 이번에는 말 없이 나누어주는 것이 아니라 "예수 믿으시죠!", "교회 다니시죠!", "예수 믿으세요!" 라고 말을 하며 나누어주는 훈련이 필요합니다. 전도에 있어서 발이 먼저 가야하고, 손이 드려져야 하며, 입이 열리는 훈련이 되어야 합니다.

▶**4단계** : *매일 전도지를 나누어주며 한 사람 이상에게 복음을 제시하기*

이제 전도지를 나누는 일에 있어서는 큰 부담이 없습니다. 그러나 이 단계에서는 전도지를 나누어주다가 그 중에 한 사람 이상에게 "예수 믿으시죠!"라고 열린 대화로 시작하며 복음을 제시하는 훈련이 필요합니다.

하루 한 사람 이상에게 내게 맞는 복음 제시를 하게 되면 실제적인 열매를 맺게 됩니다.

이 4단계 과정을 하고 난 성도들은 이제 두려움이나 불안이 없어집니다. 자신감이 생기고 담대하며 기쁨으로 감당하게 됩니다. 거리나 집집마다 방문할 때 그 사람 또는 그 가정이 믿는 사람인지 비신자인지 또는 믿는 가정인지 불신 가정인지 파악이 됩니다. 비신자나 불신 가정이면 "예수님을 믿으세요"라고 하며 전도를 합니다. 자신감을 키우는 이런 전도훈련을 받게 되면 자신도 모르는 사이에 전도가 점점 체질화 되어 갑니다. 전도에는 전도 특공대와 같은 오랜 시간 이론과 현장으로 무장된 전도자들도 필요하지만 전 교인들이 하나같이 순종하는 마음으로 먼저 현장에 나가는 전도 또한 필요합니다. 전도하다 보면 자신의 부족함을 느끼게 되고 자신들의 필요에 의해 더욱 열심히 한 단계 업그레이드 된 아름다운 전도자의 삶을 살게 됩니다.

전도를 함으로 얻어지는 자기 성장

1) 표현력과 설득력이 향상된다.

전도를 하게 되면 말부터 달라집니다. 처음엔 어눌하던 사람들도 많은 사람들과 접촉하다보면 자신도 모르게 표현력과 설득력이 향상되는 것을 느낍니다.

2) 부지런하고 명랑한 사람이 된다.

전도자는 부지런합니다. 그리고 명랑할 수밖에 없습니다. 전도자가 게으른 가운데 전도하는 사람은 한 명도 없습니다. 그리고 우거지상으로 해서 전도할 수가 없습니다. 항상 전도자의 인상과 언어는 명랑합니다.

3) 매사에 자신감을 갖게 되고 적극적인 사람이 된다.

자신 없는 사람도 전도하면 자신감을 갖게 됩니다. 누구를 만나도 자신이 있습니다. 나는 약하지만 내속에 역사하시는 성령님을 의지하고 나가기 때문에 무슨 일을 해도 자신감이 있습니다. 삶도 적극적인 삶으로 변합니다.

4) 삶이 활력이 넘치고 보람을 찾게 된다.

전도하면 삶에 활력이 넘칩니다. 하나님이 가장 기뻐하시는 일이 전도하는 일이라는 사실을 알고 감사하며 보람을 느낍니다. 전도자는 발

걸음부터 다릅니다.

5) 끈기와 인내심을 기르게 된다.

한번 복음을 전해서 믿는 사람도 혹 가다 있지만 대다수의 사람들은 그렇지 않습니다. 이것을 알기 때문에 쉽게 포기하지 않습니다. 그러다 보니 다른 일에서도 끈기가 있고 인내심을 가지고 삶을 살게 됩니다.

6) 친절하며 겸손한 사람이 된다.

전도하기 전에는 무뚝뚝하고 교만했다 해도 전도하면 달라집니다. 아니면 전도할 수 없기 때문입니다. 전도하다 보면 언어도 생활도 친절해집니다. 고개를 쉽게 숙이지 못했던 사람도 전도지를 줄 때나 복음을 전할 때 상냥하고 겸손한 사람이 됩니다.

7) 믿음이 성장하며 체험적인 신앙을 갖게 된다.

전도하면 믿음이 성장합니다. 그리고 복음을 전할 때 체험적인 신앙을 갖게 됩니다. 지금도 성령님은 일하시고 계십니다. 오늘도 하나님은 역사하십니다. 전도하다 보면 그것을 체험하게 됩니다. 체험이 있는 신앙은 성장할 수밖에 없습니다.

8) 인맥의 관계가 넓어진다.

전도하다 보면 전도대상자를 통해, 그리고 전도한 사람들과의 관계가 넓어집니다. 전도 받은 사람들은 전도자를 귀히 여깁니다. 고맙게 생각합니다. 수많은 친구들과 지인들을 얻을 수 있습니다.

9) 지역의 뉴스메이커가 된다.

전도자는 지역이 뉴스메이커가 됩니다. 홀리 스캔들 메이커라고 할까요?

활동영역이 넓어집니다. 이것은 자신도 모르는 사이에 지역에서 아름다운 사람으로 소문나게 됩니다.

10) 물질과 건강의 축복을 받게 된다.

전도하면 부수적으로 오는 것이 있습니다. 그것은 하나님이 주시는 사역의 선물입니다. 내가 주님 기쁘시게 하는 일을 하면 하나님은 우리의 삶에 복을 주십니다. 물질은 전도자에게 있어 기본입니다. 그리고 걸으면서 전도하니까 건강의 복을 주십니다.

사과맞춤전도 ----------
8가지 방법

사과맞춤전도 8가지 방법

하나님 앞으로 비신자들을 인도하는 데는 한 가지 방법만이 존재하지는 않습니다. 복음의 진리는 하나지만 전도는 다양한 방법으로 사람들을 교회로 인도할 수 있습니다. 그런데 한국 교회는 전도를 너무 어렵게 만들었습니다. 그래서 성도들 중에는 전도에 대한 기쁨보다도 두려움을 많이 느끼고 있는 것이 오늘의 현실입니다. 많은 성도들 중에는 전도에 대한 고정관념 때문에 전도를 어려워하고 자신은 도저히 전도를 하지 못하는 사람처럼 생각하는 성도들이 의외로 많습니다. 결국 전도를 두려워합니다. 그 결과 교회생활과 신앙생활에 부담을 갖게 되고 죄책감에 시달리게 됩니다.

전도는 '복음을 제시해서 예수님을 영접하게 하고 교회로 인도해 양육하는 것'이라고 할 수 있습니다. 그러나 이 책에서 말하고 있는 저의 말이나 가정목회를 쓴 최영기 목사님, 도서출판 규장의 여운학 장로님의 말에도 귀 기울여야 합니다.

전도에 대한 정의의 폭을 넓히는 것이 중요합니다. 전도를 '믿지 아니하는 사람들을 교회로 인도하여 등록시키는 것'으로 볼 수 있으면 좋겠습니다.

전도는 복음을 제시하여 영접한 가운데 교회로 데려오는 것만 아니라 단순히 교회에 비신자들을 데려오는 것 또한 전도로 보면 좋겠습니다.

이렇게 생각이 바뀔 때 별안간 전도가 대단히 기쁨이 넘치는 사역이 될 수 있습니다.

　복음은 구원의 기쁜 소식입니다. 그리고 전도한다는 것은 구원의 기쁜 소식을 전하는 것입니다. 그리고 이 사역은 예수님이 승천하시기 직전 제자들을 향해 땅 끝까지 복음을 전하라는 당부이자 명령이기도 합니다. 이에 대해 '교회에 데려오는 것'이라고 제한하여 정의한다면, 다소 그 의미가 축소되는 것처럼 보일 수 있습니다. 그러나 적어도 전도가 나의 사역이 아니라 하나님의 사역이요, 나의 능력이 아니라 하나님의 능력이라는 점에 눈을 뜬다면, 사실 전도는 그저 '교회에 데려오는 것'이라고 말해도 좋을 듯 싶습니다. 물론 여기서 끝나서는 안됩니다. 교회로 비신자들을 데리고 오는 데까지 하는 사람이 있다면, 그 사람에게 말씀으로 복음을 제시해서 영접시키는 사람도 있고, 그리고 양육하는 사람과 연결하는 분업화가 이루어져야 합니다. 한 사람이 이 모든 일을 감당하면 좋겠지만 어려울 경우가 많은 현실을 볼 때 교회와 함께 하는 전도가 필요합니다.

　'사과전도'는 바로 이런 전도 방법입니다. 사과전도는 바로 자신의 영적 상황에 맞게 하는 맞춤 전도 방법입니다. 전도에도 맞춤전도가 필요합니다. 전도는 하나의 방법만이 존재하지 않습니다.

　복음을 전하는 데는 여러 가지 방법으로 전할 수 있습니다. 자신에게 잘 어울리는 방식은 무엇입니까? 자신의 본래 모습으로 여러분은 이 놀라운 사역에 동참할 수 있습니다. 여러분은 맞춤전도를 통해 비신자들의 삶에 엄청난 영향을 끼칠 수 있습니다.

　전도는 내가 가장 잘할 수 있는 방법으로 하면 됩니다. 주일학교 어린 아이로부터 노년에 이르기까지 누구나 해야 하고 하면 되고 할 수 있는 것이 전도입니다.

초청전도는 전도를 처음 하는 분들에게 좋은 전도 방법입니다. 이 방법은 전도의 가장 기본적이며 누구나 할 수 있는 전도 방법입니다. 신학적인 지식이나 성경적인 지식이 많이 없어도 할 수 있습니다.

성경적인 모델로는 사마리아 수가성의 여인이 있습니다. 이 사람은 성경적인 지식이 별로 없던 사람이었습니다. 그러나 이 여인이 예수님을 만난 이후 자신이 살고 있는 동네로 들어가서 동네의 많은 사람들을 예수님 앞으로 초청했습니다. 또 하나의 모델은 예수님의 제자 빌립이 자신의 친구 나다나엘을 만나 "와보라!"고 했던 전도 또한 초청전도라고 할 수 있습니다.

이 초청전도의 대상은 멀리 있는 이웃으로부터 가까운데 있는 가족까지 대상의 폭이 넓습니다.

1) 개인적인 초청전도 방법

개인전도를 하다보면 많은 사람을 만납니다. 만나는 사람들에게 복음을 전하면 다음에 믿겠다든지 등 대부분 많은 사람들은 복음에 반응을 보이지 않습니다. 이것을 실패라고 생각하면 안됩니다. 이때 만난 사람들을 중심으로 그 중에서 여문 영혼이라고 생각하는 사람을 과감하게 기도하면서 교회로 초청해야 합니다.

"우리 교회에 한번 나와 보세요!" 이때 '한번만' 이라는 말보다는 '한 번 나와 보세요'가 좋습니다. 그 불신 영혼이 영접기도를 하지 않았어도 교회가기를 머뭇머뭇 거려도 강권적인 사랑으로 초청할 수 있습니다. 많은 사람들이 전도는 사랑이라는 생각으로 그 사람이 응답할 때까지 기다리는 경우가 많이 있습니다. 기다리는 것도 좋을 때가 있지만 제가 전도를 하다보니까 어떤 사람들의 경우에는 자신이 결단하지 못하고 조금 더 끌어주기를 은근히 기다리는 불신 영혼들을 많이 보아왔습니다. 그리고 겸연쩍어 한다든지, 교회 가는 것을 어색해 하며 머뭇거리는 사람을 종종 보아왔습니다.

이때 성령님의 도움으로 기도하면서 강권적으로 초청해야 합니다. 열심히 씨앗을 뿌려서 익어가고 있었는데 얼마 있다가 만나면 다른 전도자의 손에 이끌려서 다른 교회에 나가고 있는 그분을 발견할 수 있습니다. 물론 하나님 나라의 확장이라는 차원에서는 좋습니다. 그러나 조금만 더 열정을 가지고 그 불신 영혼을 전도했다면 좋은 열매를 하나님께 내 손으로 드릴 수 있었을 것입니다.

2) 소그룹별 초청전도 방법

초청전도 방법에는 소그룹별 초청전도가 참 좋습니다. 한 사람이 한 사람을 초청할 수도 있고, 두 명이나 세 명이 한 명의 불신 영혼을 소그룹으로 초청할 수 있습니다.

구역이나 셀을 중심으로 두 달에 한번 추수모임을 정하여 초청하면 좋습니다.

저는 많은 사람들이 전도자의 삶을 살고 싶지만 복음을 제대로 전하지 못하기 때문에 망설이는 사람이 있음을 종종 보았습니다. 그러나 전도 훈련을 지금 받지 않았다 해도 전도는 해야 합니다. 이것은 해도 되고 안 해도 되고 하는 내 선택의 문제가 아니라 예수님이 우리에게 주신 명령이기 때문입니다. 물론 체계적인 전도 훈련을 받으면 좋습니다. 꼭 받아야 합니다. 그러나 혹시 전도 훈련을 제대로 받지 않았기 때문에 전도훈련을 받고 난 다음에 하겠다고 생각한 분들이 있다면 지금 생각을 바꾸십시오. 예수님을 구주로 고백하고 예수님을 믿고 변화된 자신의 모습이 있다면 주저 없이 내 주위의 사람들에게 간증하시기 바랍니다.

이 간증전도를 잘하면 성경에 대한 지식이 없고 복음제시를 잘 전하지 못하는 성도들이라 할지라도 전도에 놀라운 열매를 맺을 수 있고, 비신자들에게는 오히려 다른 어떤 것보다 공감대 형성이 쉽게 이루어지는 것을 볼 수 있습니다.

저는 어느 날 텔레비전에서 탤런트 김성한 씨가 반신욕에 대한 간증을 하는 것을 보았습니다. 자신이 반신욕을 한 결과 교통사고 후유증으로 인한 아픔이 치료되었고, 건강도 많이 좋아졌고 젊어졌다는 이야기를 듣고 많은 사람들이 반신욕에 대한 효과에 관심이 많아졌고 그 후 반신욕에 관계된 상품들이 잘 팔려나가고 있습니다. 이것은 반신욕에 대한 간증이었습니다.

　김성한 씨가 이야기 할 때 반론하는 사람이 없었습니다. 왜냐하면 자신의 몸에 일어난 일이기 때문에 누구 하나 그 사람의 체험에 대한 것을 반론할 수 없었기 때문입니다.

　간증전도는 논쟁을 일으키지 않습니다. 다른 전도를 하다보면 친구나 가까운 친척, 그리고 믿지 않는 형제들과 논쟁할 때가 많이 있습니다. 그러나 간증전도에는 논쟁이 일어나지 않습니다. 왜냐하면 간증전도는 전도하는 그 사람의 체험적인 문제이기 때문입니다. 사람들은 개념적인 문제에 대해서는 논쟁을 하지만 체험적인 문제에 대해서는 반박하지 않습니다. 이 전도 방법은 타종교의 사람들에게도 쉽게 전할 수 있는 전도 방법입니다.

　한 개인에게 일어난 독특한 사건이기 때문에 타종교인이나 비신자들이 반박하지 않고 듣습니다. 저는 이 글을 쓰기 위해 컴퓨터를 켠 후 사랑의교회 방송국에 들어가서 '정치깡패 용팔이'를 시청했습니다. 저는 대단한 감동을 받았습니다. 한때 신문 지상에 정치깡패로 오르내렸던 용팔이라는 분이 예수님의 품으로 돌아온 간증을 들었기 때문입니다. 본명은 김용남으로 세상에서 두려울 것 없이 주먹으로 살았던 그분이 예수님의 품으로 돌아오고 그것으로 그친 것이 아니라 누구를 만나더라도 전도하는 그 모습을 잊을 수가 없었습니다. 그분은 자신의 삶으로 간증하며 전도합니다. 그분의 삶을 알고 있기 때문에 그분의 간증전도는 사람들에게 공감대를 형성하고 많은 사람을 전도하는 전도인의 삶을 살고 있었습니다.

　간증은 그분만이 가지고 있는 것이 아니라 예수 믿는 사람은 다 있습니다. 어떤 분들은 간증을 하라고 하면 죽을 병에 걸렸다가 고침을 받았거나 세상적으로 타락한 사람이 새사람이 된 이런 극적인 사건만을 간증이라고 생각합니다. 그런데 그것만이 간증이 아닙니다. 예수님을 믿고 거듭나 축복 받은 많은 이야기도 자신의 살아있는 간증입니다.

우리 교회 어떤 자매는 예수님을 믿고 자신의 우울증이 치료되었다고 고백하였고, 또 어떤 자매는 예수님을 믿고 행복해졌다고 고백하였습니다. 이것이 간증입니다.

우울증에 빠져있는 사람을 만났을 때 우울증에서 치료받은 성도가 자신이 예수님을 만나 우울증에서 해방되었고 치료되었다고 하면 그 사람은 '예수님을 믿으면 우울증에서도 치료되는 역사가 있구나' 하고 전도됩니다.

복음의 내용을 잘 전달하지 못해도 전도지를 들고 다닐 용기가 없는 분이라 할지라도 자신이 예수님을 만나고 난 이후의 삶을 이웃에게 전할 수 있습니다. 그래서 간증은 어떤 면에서 볼 때 실제적인 전도라고 말할 수 있습니다. 여러분, 그리스도인이라면 누구나 간증할 수 있고, 또 해야 합니다. 그리스도인은 반드시 간증이 있어야 합니다.

얼마 전 통계에 따르면, 여자가 가장 듣기 싫은 얘기는 남자들의 군대 얘기고, 남자가 가장 듣기 싫은 얘기는 여자들의 애 낳은 얘기라고 합니다. 왜 그럴까요? 그것은 아마 귀가 닳도록 너무 많이 들었기 때문일 것입니다.

여러분, 사람들은 짧은 기간의 경험도 평생을 두고 말하는데 온 우주를 창조하신 하나님을 만나고도 할 얘기가 없을 수 있을까요? 예수님 안에 인생이 새롭게 변화되고 육신의 아픔이 치료되고 삶의 질이 변화된 내 모습을 자랑할 수 없을까요? 나 같은 죄인을 죄로부터 구원하여 주시고 영원한 천국을 선물로 주신 하나님을 만나고도 할 말이 없다면 그건 말도 안 되는 소리입니다.

저는 국가 조찬기도회 때 기도회를 마치고 나가는 노 대통령과 악수를 했습니다. 제가 자랑했을까요? 안했을까요? 우리는 대통령을 한번 만나도 그것을 자랑합니다. 하물며 창조주 하나님을 만났는데, 어떻게 입을 다물고 살아갈 수 있습니까? 우리는 우리의 입을 열어야 합니다.

창조주 하나님을 만난 나의 경험과 체험을 하나님을 모르는 사람들에게 전해야 합니다.

사과전도 간증하는 방법

1) 금요심야기도 시간에 성도들이 돌아가면서 3분 간증을 매 주일마다 하게 한다.

교회 안에서 다른 많은 말도 친교를 위해 중요하지만 우리 그리스도인들은 내가 만난 하나님을 서로 이야기해야 합니다. 그리고 전도를 잘 하기 위한 훈련으로 매 주일마다 짧게 간증할 수 있도록 교회에서는 간증의 시간을 마련해 주면 좋습니다. 그러나 사전에 교역자들이 원고를 한번 살펴보는 것이 좋습니다. 그리고 그 내용을 중심으로 믿지 않는 사람들에게 전할 수 있도록 하면 좋은 열매가 나타납니다.

- 예수님을 만나기 전의 자신의 상태
- 예수님을 만난 이후의 자신의 상태
- 예수 믿고 난 이후의 자신의 상태

(2) 주일오후예배 후 성도들이 돌아가면서 3분 간증을 한다.
(3) 간증 내용을 문자로 작성하는 것이 좋다.

- 간증을 조리 있게 할 수 있으며 쓸데없는 말을 줄일 수가 있다.
- 중요한 포인트를 빠뜨리지 않고 할 수가 있다.
- 간증에 자신감을 가질 수 있다.
- 의문과 거절의 문제를 미리 막을 수 있다.

세 번째 전도 방법인 자랑전도 방법도 개인적으로 할 수 있는 방법입니다. 이 방법 또한 복음 제시를 잘 하지 못한다 하더라도 할 수 있습니다.

많은 성도들을 볼 때에 복음 제시를 제대로 하지 못하면 아예 전도를 포기하는 사람들이 있습니다. 그러나 포기하면 안됩니다. 체계적인 정리가 되지 못했다 할지라도 전도는 해야 합니다.

전도는 자랑입니다. 그러나 많은 교회에서 하는 전도법은 질문과 대답으로 이루어져 있어 전도하려고 해도 두려움을 느끼는 사람들이 많습니다. 오랜 시간 훈련을 하고 현장으로 나가서 전도를 많이 하면 없어지지만 쉽지 않은 것이 현실입니다.

훈련이 부족해서 그렇다고 할 수도 있겠지만 그런 훈련을 받을 수 있는 사람과 시킬 수 있는 교회가 과연 얼마나 될까 생각해 볼 수 있습니다. 그래서 많은 목회자들은 '과연 전도는 그런 방법밖에 없는 것일까?' 하는 고민이 누구에게나 다 있습니다. 그래서 '좀 더 쉬운 전도 법은 없을까?' 생각합니다. 자랑 전도법은 이 문제에 대한 대답이 됩니다.

전도를 잘하는 사람은 자랑을 잘하는 사람들입니다. 여러분 비신자를 만나면 무조건 자랑 하십시오. 전도자는 먼저 자신이 출석하는 교회를 귀중히 여기고 자랑할 수 있어야 합니다. 자신이 출석하는 교회를 나가서 자랑할 수 없다면 겸손한 것이 아니고 교회에 불만이 있거나 영적으로 문제가 있는 것입니다. 성도들이 자신의 교회에 대하여 자랑을 해본

적이 없다면 불행한 일입니다.

진정한 자랑은 교회의 외형적인 건물이 아니라 성도들의 아름다운 신앙이 자랑 거리가 되어야 합니다. 교회 안의 성도들끼리 서로 돕고 사랑하며, 함께하는 모습을 이야기함으로 부러움을 갖도록 하는 것이 좋습니다.

좋은 소문을 내는 전도법, 버즈마케팅 전도법, 입소문 전도법입니다.

좋은 소문이 나는 교회, 나쁜 소문이 나는 교회, 여러분은 어느 교회로 가겠습니까?

안산의 어느 성도는 초신자일 때 믿지 않던 남편에게도 끊임없이 목사님의 설교 자랑을 했다고 합니다. "여보! 오늘 목사님께서 남편에게 순종하라는 좋은 얘기를 해주던데요. 사랑하는 남편을 두고 어떻게 나 혼자 천국에 갈 수 있겠어요? 여보, 같이 교회에 가요." 이렇게 전도한 결과 그녀가 지난해에는 13가정을 교회로 인도했으며, 이제는 사랑하는 남편과 함께 온 식구가 예배드리고 있다고 합니다. 그녀는 이제 집사가 되어 하나님과 예수님, 그리고 교회와 목사님에 대한 자랑은 아직도 그녀의 입술에서 그칠 줄을 모르게 자랑하고 있습니다. 자랑전도는 초신자라도, 전도 훈련을 받지 않은 성도라도 어느 누구라도 쉽게 전도할 수 있는 자연스러운 전도법입니다.

1) 예수님 자랑 (간증과는 다르게 짧게 전한다)

예수님이 소중하고 귀하여 자랑하지 않을 수 없는 사람들이 전도할 수 있습니다. 죄를 사하시고 구원해주시는 예수를 자랑합시다. 예수님의 교회를 자랑하고, 예수님의 사람들을 자랑하고, 예수의 일을 자랑합

시다. 빛은 감추기가 어렵습니다. 우리 안에 빛나는 등불이신 예수님을
자랑하는 것이 전도입니다.

　미국의 할리우드에 유명한 여배우가 있었습니다. 이 여배우는 유명한
잡지인 라이프지의 표지 모델로도 실린 적이 있는 유명한 배우였으며,
미국에서 가장 아름다운 여인 열 명 중 한 사람으로 뽑히기도 했습니다.
　어느 날, 이 여배우가 깜짝 선언을 했습니다. 자기는 사랑 사랑에 빠
졌으며, 영화계를 은퇴하겠다는 내용이었습니다. 많은 사람들은 깜짝
놀랐습니다. 그녀가 인기를 더 끌려고 깜짝쇼를 하는 줄 알았습니다.
그러나 이 여배우는 진지하게 자신의 선언을 기정사실화 했습니다.
　그때 한 기자가 이렇게 물었습니다.
　"아니, 당신 같이 멋쟁이 여배우를 누가 차지했습니까? 당신을 사랑
에 빠지게 한 사람이 누구입니까?"
　기자의 질문에 여배우는 담담하지만 담대하게 대답했습니다.
　"그분은 바로 예수 그리스도이십니다. 저는 그분을 사랑합니다. 우리
는 깊은 사랑에 빠져있습니다."
　그녀의 대답을 들은 모든 사람들은 멍하니 아무 말도 못했습니다. 당
대 최고의 여배우였던 그녀는 장래성 있는 영화계의 삶을 포기하고 이
제 남은 삶을 예수님께 온전히 바치겠다고 고백했습니다. 그 이후 그녀
는 어느 목사님과 결혼했습니다. 이 여배우의 이름은 콜린 T 에반스입
니다.
　어느 날, 그녀가 남편과 함께 빌리 그래함 목사님 부부를 방문했습니
다. 그때 빌리 그래함 목사님이 그녀에게 물었습니다.
　"부인, 당신은 지금의 생활을 후회하지 않습니까?"
　그녀는 웃으며 대답했습니다.
　"목사님, 전 지금의 제 생활에 많은 감사를 드린답니다. 전 할리우드

의 대 스타나 영국의 여왕이나 미국의 대통령 부인의 자리나 모두 부럽지 않습니다. 지금 이 자리와 바꾸고 싶은 생각이 전혀 없습니다. 전 예수 그리스도를 가장 사랑합니다. 그분은 가장 위대하고 저에게 깊은 감동을 주는 분입니다."

-어느 미국 영화배우의 고백

미국의 심리학 교수 게리 콜린스(Gary R. Collins) 박사는 자신의 책에서 "당신도 변화를 일으킬 수 있다. 당신의 인생을 예수 그리스도에게 집중시키라. 그러면 당신 자신이 변화될 뿐 아니라 변화를 일으킬 수 있다"라고 말했습니다.

예수 그리스도에게 집중하면 자신이 변화되는 것은 물론, 다른 사람까지 변화시킬 수 있다는 것입니다. 그런데 오늘날 사람들은 예수 그리스도께 집중하지 않습니다. 이것저것 분주하게 움직이며 교회에만 왔다 갔다 했지 예수 그리스도의 말씀이나 가르침에는 집중하지 않습니다. 자기의 뜻, 자기의 목적만 추구하다가 오히려 예수님과는 점점 거리가 멀어지게 됩니다. 예수 그리스도께 집중해야만 변화되고 새로운 사람이 됩니다. 내 자신도 변화되고, 가정도 달라지고, 교회도 달라지고, 나라도 달라집니다.

어떤 사람을 보면 교회에 와서 설교 한 번 듣고 인생이 바뀝니다. 저는 그런 사람을 많이 보았습니다. 그런데 어떤 사람은 설교를 골백번 듣고도, 10년, 20년 신앙생활 했어도 변화되지 않고 어제나 오늘이나 변함없는 사람이 있습니다. 그 차이가 어디에 있을까요? 그것은 믿음의 차이입니다.

"저 말씀 속에 내 인생을 바꿀 수 있다. 생명이 있고 능력이 있다. 이 말씀 속에서 내게 말씀하실 주님을 기다립니다. 주님, 오늘 이 말씀으로 나를 변화시켜주셔야 합니다. 제가 이 말씀을 기다립니다.” 이런 목마름으로 주님에 대한 기대를 갖고 말씀을 받아들일 때 인생이 새로워지는 것입니다. 이런 절대적인 믿음으로 주님을 믿어야 문제가 해결될 수 있는 것입니다.

2) 교회 자랑

10가지 정도는 자랑할 수 있어야 합니다.

❶ 우리 교회는 사랑이 넘치는 교회입니다.
❷ 우리 교회는 이웃과 함께 하는 교회입니다.
❸ 우리 교회는 고향 집과 같은 편안한 교회입니다.
❹ 우리 교회는 아이들을 정말 잘 가르치는 교회입니다.
❺ 우리 교회는 성가대의 찬양이 너무 아름답습니다.
❻ 우리 교회는 서로 간에 도움을 주는 교회입니다.
❼ 우리 교회는 뜨겁게 기도하는 교회입니다.
❽ 우리 교회는 문제가 해결되는 교회입니다.
❾ 우리 교회는 행복한 교회입니다.
❿ 우리 교회는 누구나 부담이 없이 올 수 있는 교회입니다.

❶ 찬양이 뜨겁고 은혜가 넘칩니다.
❷ 예배에 생동감이 있고 말씀이 살아있습니다.
❸ 청소년들에게 세계를 품는 지도자가 되도록 비전을 심어줍니다.
❹ 취미와 친교를 나눌 수 있는 팀들이 있습니다.
❺ 날마다 QT를 하는 교회입니다.

❻ 비신자가 쉽게 교회오고 정착이 용이합니다.

❼ 지역사회에서 좋은 교회로 소문이 나 있고 지역사회발전에
많은 공헌을 하고 있습니다.

❽ 아버지학교, 어머니학교, 남편교실, 부부교실들이 있어
하나님 사랑, 이웃 사랑을 잘하는 건강한 교회입니다.

❾ 항상 웃음이 끊이지 않는 재미있고 행복한 교회입니다

❿ 전망 좋은 카페를 운영하여 교회 밖 사람도 이용합니다.

⓫ 수유하는 엄마들을 위해 4층에 별도의 방이 있습니다.

⓬ 악기를 배울 수 있습니다.

3) 목사님 자랑

❶ 우리 목사님은 너무 사랑이 많습니다.

❷ 우리 목사님은 친정 오빠 같습니다.
(60대 권사님이 50대 목사님에게 고백, 전주북문교회)

❸ 우리 목사님은 너무 미남이십니다. (원주중부교회)

❹ 우리 목사님은 말씀을 너무 잘 가르치십니다.

❺ 우리 목사님은 축구를 잘하십니다.
(운동을 좋아하는 사람들에게)

❶ 인자하고 사랑이 많으시며 굉장히 부지런하신 분입니다.

❷ 옆집아저씨처럼 포근한 인상에 부담이 없고 겸손합니다.

❸ 선교에 힘쓰고 매우 검소하면서 열정적이고 아이디어가
많습니다.

❹ 누구나 우리 목사님을 만나면 열정적이고, 학습적인 사람,

공부하는 사람으로 변하게 됩니다.

❺ 리더십과 추진력이 강하고 탁월한 통찰력과 사고력을 가지고
  계십니다.

❻ 사랑이 많고 긍휼이 많아 가끔 눈물도 흘리시는 아주 정이
  많은 분입니다.

❼ 친정아버지처럼 자상하시면서 물질에 관해 깨끗한 분입니다.

❽ 부부심리를 너무나 잘 파악하고 가정사역중심의 말씀을
  하십니다.

❾ 직접 화장실 청소를 하실 정도로 본을 보여주십니다.

❿ 소년처럼 천진난만하시며 하나님의 영광을 나타내는 일에는
  아낌없이 투자하십니다.

⓫ 글을 잘 쓰십니다.

⓬ 쉬지 않고 기도하는 기도의 사람입니다.

1분 전도 실습

안녕하십니까? 행복플러스교회에서 나온 최정화 집사입니다.
예수님을 믿으면 인생이 행복해 집니다. 나는 예수님 믿고 얼마나
행복한지 모릅니다. 그리고 우리 교회는 사랑과 은혜가 넘칩니다.
목사님이 너무 너무 훌륭하십니다.

· 예수 믿으면 좋습니다.
· 우리 교회 좋습니다.
· 우리 목사님 좋습니다.

> "약한 자들에게는 내가 약한 자와 같이 된 것은 약한 자들을 얻고자 함이요,
> 여러 사람에게 내가 여러 모양이 된 것은 아무쪼록 몇몇 사람들을 구원코자
> 함이니 내가 복음을 위하여 모든 것을 행함은 복음에 참여하고자 함이라 "
> (고전 9:22–23)

교회성장연구소에서 14,000명의 성도들에게 "당신을 하나님의 교회로 인도한 사람은 누구입니까?"라는 설문조사를 실시했습니다. 결과는 관계를 통한 전도가 75~90%로 전도의 효과 면에서 가장 높게 나타났습니다. 관계전도는 이 시대의 전도에 있어 가장 효과적인 전도입니다.

오스카 톰슨은 자신의 책 '관계 중심전도'에서 사랑의 대상을 7개의 동심원으로 표현하고 있습니다. 가장 안쪽으로부터 자아, 가족, 친척, 친한 친구, 이웃 동료, 아는 사람들… 등 이렇게 원을 확장해 나갑니다. 7개의 관계전도 동심원을 보면 내가 누구부터 전도해야 할지 한눈에 보여 줍니다. 사람들은 누구나 주변에 자연스럽게 자기 가족이나 친척 친구 이웃을 가지고 있습니다. 관계전도는 그들에게 입으로만 복음을 증거하는 것이 아니라 삶의 전 역역을 통하여 섬기며 복음의 능력을 보여 주는 전도법입니다. 특별히 관계전도는 불신가족, 친척, 가까운 이웃전도에 있어 너무나 좋은 전도법입니다.

전도하겠다고 결단하는 성도들은 자신의 전도대상자가 멀리 있지 않다는 것을 알고 내 주변을 먼저 살펴보고 나와 가장 가까운 가족 중에 아직까지 예수님을 믿지 않는 가족이 있다면 먼저 그 가족을 전도하겠다고 결단 하는 것이 중요합니다. 그러나 많은 사람들은 자신의 주변에 있는 사람들에게 전도하는 것은 오히려 어렵다고 생각합니다. 또한 전도를 몇 번 하다가 포기하는 경우도 볼 수 있습니다. '우리 부모님은 절에 다니신 지 오래 돼서 전도하기 어렵다'든가 '나는 집에서 막내이기 때문에 부모님이 내 말을 귀담아 듣지 않는다'라는 이유로 가족 전도를 포기 내지 방치합니다. 그러나 가족은 내가 지속적으로 관심을 가지고 전도할 수 있다는 큰 장점이 있습니다. 부모나 형제, 친지들에게 그 도리를 다하고 정성껏 섬기는 가운데 지속적으로 전도하다 보면 그들을 교회로 인도할 수 있습니다. 관계전도는 열매를 맺을 수 있는 가장 좋은 전도 방법입니다.

아내가 예수 믿고 구원받았으면서도 남편과 자식을 아직 전도하지 못했거나 자녀가 예수님을 믿지만 부모를 구원하지 못한 채 지옥 가는 것을 보고만 있다면, 그리고 그들과 함께 산다면 이 얼마나 큰 비극입니까?

내 사랑하는 가족 중 예수님을 믿지 않은 어느 누군가는 장차 영원한 심판의 현장에서 영원히 고통을 겪게 됩니다. 이것은 현실입니다. 천국과 지옥이 실존함을 믿는다면 최소한 내 가족은 전도해야 하고 나아가 친척, 친구들에게 전도할 수 있어야 합니다. 게으르게 편히 앉아서 누군가 나의 가족이나 친척들을 구원해 주기를 기다려서는 안됩니다. 무엇보다도 우리는 가족 복음화에 최선을 다해야 합니다.

통계를 보면 관계전도가 가장 확실한 방법이기도 하지만, 전도 중에 가장 힘든 것이 가족 전도입니다. 왜냐하면 가족전도란 고정된 대상을 향한 전도이고, 전도의 대상자가 전도자의 장단점을 잘 알고 있는 상태에서 이루어지기 때문입니다. 그러나 또 한편으로 생각하면 전혀 모르는 다른 사람을 전도하는 것에 비해 오히려 전도의 열매가 확실하며 기쁨 또한 배가된 기쁨을 누릴 수 있습니다.

1) 매력적인 사람 되기

제가 아는 잘 아는 사모님 중에 전도를 잘하는 사모님이 계십니다. 이 사모님은 일 년에 몇 백 명을 하지는 않지만 매년마다 꾸준히 10여명을 교회로 등록을 시켰고, 그중에 5~6명 정도 정착을 시키는 사모님입니다.

저는 그분과 함께 전도에 관해 이야기를 나누면서 "사모님, 사모님은 전도를 열심히 하고 많은 열매를 맺는데 그 이유가 무엇이라고 생각하세요."라고 물어보았습니다.

"목사님, 저한테는 매력이 있는 것 같아요. 많은 사람들이 저와 대화를 하다보면 자기도 모르는 사이에 핸드폰 번호며 주소까지 다 알려주면서 하는 말이 '아니, 내가 처음 보는 아줌마한테 왜 이러지' 하면서 다 알려줘요. 가만히 생각해 보니 저한테 매력이 있는 것 같아요."

다시 저는 "그러면 사모님의 매력은 무엇인 것 같아요?"라고 물었더니 사모님은 웃으면서 "제 매력은 겸손함에 있는 것 같습니다"라고 하였습니다.

사모님은 웃으면서 말했지만 그 분의 모습에는 상대방과 대할 때 살며시 미소 지으며 삶에서 우러나오는 겸손이 매력적이었습니다.

관계전도를 하는 가운데에 중요한 것 중의 하나는 나와 함께 하며 살아가고 있는 사람들에게 매력적인 사람으로 보일 수 있어야 합니다. 이것은 저절로 되어 지지 않습니다. 전도하면 분명히 자신의 인격적인 부분과 삶의 부분에서 많은 것들이 달라질 수 있으나, 그러나 매력적인 사람이 되기 위해서는 기도하고 훈련해야 합니다.

전도를 한다고 모든 것들이 저절로 이루어지지 않습니다. 스튜어디스가 되기 위해 이미지 메이킹 훈련을 하는 것을 본적이 있습니다. 인사하는 동작 하나 하나, 미소 지으며 말하는 동작 하나 하나, 걸어가는 걸음걸이 하나 하나가 그냥 되는 것이 아니라 훈련으로 되는 것을 보았습니다.

물론 선천적으로 매력적인 것을 가지고 태어난 사람도 있습니다. 어느 성악가는 발성연습을 따로 하지 않아도 선천적으로 뛰어난 발성을 가져서 많은 성악가들의 부러움을 산다는 이야기도 들은 적이 있습니다. 그러나 이런 사람은 거의 없습니다. 거의 모두가 훈련으로 되어 집니다.

특히 관계전도에 있어서는 더욱 중요합니다. 나와 관계를 맺고 있는 비신자들과 만날 때 먼저 그 사람들은 내가 말로 전하는 복음을 듣기보다는 나의 인격과 나의 삶을 먼저 봅니다. '저 사람은 참으로 신뢰할 만하다, 저 사람이 하는 말은 신뢰 할 수 있다'라는 상황이 될 때 자신의 마음의 문을 열게 됩니다.

'매력적인 그리스도인'이라는 책의 표지에 이동원 목사님이 추천사로 쓴 글 중에 "이 시대 전도자들이 조금 더 진지하고 조금 더 친절하고 조금 더 향기로운 그리스도인으로 다가간다면 복음 증거 역사에 놀라운 반전이 시작될 것입니다"라고 쓴 것을 보았습니다.

2) 미·인·대·칭과 고·미·안·감·사·반

성공한 사람은 대개 얼굴에 미소가 있고 인사를 잘 하는 사람입니다.

미국 오하이오 주 나일스에 여러 티타늄 제품을 생산하는 기업인 RMI가 있습니다. 이 회사는 몇 년 동안 생산성과 매출이 계속 떨어졌습니다. 그런데 빅 짐 대니얼 사장이 취임한 뒤 상황이 180도 바뀌었습니다. 그는 출근하자마자 특별한 상징 깃발을 내걸었습니다. 그 깃발에는 웃는 얼굴이 그려져 있는 것이었습니다.

사무용품, 공장대문, 팻말, 심지어는 직원들의 안전모에도 웃는 얼굴을 새겼습니다. 뿐만 아니라 그는 상징 깃발처럼 언제나 웃는 얼굴, 가득히 따뜻한 미소를 띠고 직원들의 이름을 크게 부르면서 의견을 구했습니다.

그러기 위해서는 그는 2,000명이나 되는 공장 직원들의 이름을 모두 외웠습니다. 그리고 노조 회장을 회의에 참여시키고 회사의 계획을 공개했습니다. 3개월 뒤 별다른 투자가 이루어지지 않았는데도 이 회사의 생산성이 8%나 향상되었습니다. 월스트리트 저널은 이 일을 보도하면서 "부드러운 마음의 구호와 감정의 교류와 충만한 미소의 혼합물이 이룬 결과"라고 했습니다. 기업도 웃으면서 한 마음으로 할 때 놀라운 생산성의 효과와 30%나 향상되었다면 전도자에게 있어서 미소는 필수적으로 갖추어야할 모습입니다.

전도에 있어서도 미소와 인사는 대단히 중요합니다. 관계전도든지 노방전도든지 전도자의 얼굴에는 항상 미소가 있어야 합니다. 그리고 누구를 만나든지 간에 인사가 몸에 배어있어야 합니다.

어느 영업사원이 있었습니다. 이 사원은 다른 사원이 여러 차례 드나들었지만 거래를 성사시키지 못했던 거래처에 갔습니다. 이 사원이 엘리베이터를 탔는데 한 중년 사내가 허겁지겁 뛰어오는 것이 보였습니다. 이 사원은 열림 버튼을 누르고 있다가 웃으며 말했습니다.

"어서 오세요! 날이 무척 덥죠!"

중년사내는 이 영업사원을 힐끗 돌아보며 마지못해 고개를 끄덕였습니다. 이 영업사원은 자재과장을 만나 자신의 회사 자재를 납품하기 위해 열심히 설명했습니다. 그러나 그 과장은 마음에 들어 하지 않는 눈치였습니다.

'아, 나도 틀렸구나!' 생각하고 이 영업사원이 일어서려하는데 좀 전에 엘리베이터에 함께 탔던 중년사내가 들어왔습니다. 그는 다시 웃으며 "안녕하세요. 오늘 자주 뵙네요" 하며 인사했습니다. 이것을 본 자재과장은 눈을 휘둥그레 뜨고 영업사원에게 "아니, 부임하신지 얼마 되지 않았는데 어떻게 부사장님을 아세요?"라고 물었습니다.

놀란 영업사원이 정식으로 인사를 하자 부사장이 영업사원의 방문 목적을 물었습니다. 자재과장의 설명을 들은 그는 잠시 카탈로그를 살펴보았습니다.

"김 과장, 이 회사에서 생산한 자재라면 믿어도 돼, 사람을 배려할 줄 아는 직원들이 생산한 자재거든."

일 년 동안 드나들고도 거래를 성사시키지 못했던 회사와 단숨에 거래를 할 수 있었던 것은 화려한 미사여구도, 여러 차례의 접대도 아닌 한 번의 미소와 단 두 번의 인사였습니다. 전도에 있어서도 미소와 인사는 정말 중요합니다.

전도자의 모습은 밝아야 합니다. 그리고 누구를 만나더라도 인사를 잘해야 합니다. 평소에 굳은 얼굴로 지내다가 전도할 때 갑자기 미소를 지으려면 웃는 것도 우는 것도 아닌 어정쩡한 이상한 모습이 되고 맙니다. 전도자의 미소는 훈련으로 가능합니다. 눈은 초생달처럼 둥글고 가늘게, 그리고 코는 넓적 펑퍼짐하게, 입은 양귀에 빨려 늘어날듯, 치아는 살짝 보일 듯 말 듯 하게 소리 없이 조용히 웃는 모습을 매일 연습하면 됩니다. 아침에 일어나서 미소연습, 그리고 세수할 때 거울보고 미소 훈련, 만나는 사람마다 미소로 인사하고 잠자리 들기 전에 미소로 눈 감으면 미소가 저절로 생기게 됩니다. 미소는 전도자의 얼굴을 아름답게 해줍니다. 미소 띤 얼굴을 생각만 해도 보기만 해도 아름답지 않습니까? 날마다 항상 미소 띤 얼굴이 성도와 전도자의 특권입니다.

인사도 노력하고 훈련하면 누구나 잘할 수 있습니다. 입가에 미소를 머금고 소리 내어 인사하는 연습을 하면 됩니다.

먼저 출근하는 남편에게, 또는 출근할 때 아내에게 먼저 인사해 봅시다.

"여보, 잘 다녀오세요. 사랑해요." 또는 "여보, 갔다 올게 사랑해!"

엘리베이터에서 이웃을 만나면 어색한 채 있지 말고 먼저 인사를 합시다.

"안녕하세요. 오늘 날씨가 무척 좋죠. 우리 집에 한번 놀러오세요. 차라도 한 잔하게요."

길가다가 전도지를 나누어줄 때 누구를 만나더라도 20m 전에 성령께서 감동을 주는 자를 만나면 기도하며 걸어가다가 2m 앞에서 미소 지으며 인사로 다가가 어색하지 않게 기쁜 마음으로 "예수님 믿으세요"라고 하며 전도지를 건네주면 쉽게 받아가는 것을 볼 수 있었습니다. 그리고 "어머, 눈이 너무 예뻐요!" 한마디 칭찬을 곁들이면 너무 좋아하며 전도자에게 좋은 반응을 나타내는 것을 볼 수 있습니다.

기본적인 미소와 인사를 아부라고 여기거나 어색하게 생각하지 맙시다. 성도의 트레이드마크는 바로 구원의 감격으로 인해 우러나는 진정한 미소 띤 얼굴이 아닐까요?

우리 오늘부터 전도할 때 미인대칭으로 전도대상자들에게 다가갑시다. 그리고 우리의 입에 항상 고(고맙습니다) 미(미안합니다) 안(안녕하세요) 감(감사합니다) 사(사랑합니다) 반(반갑습니다)으로 이웃을 대합시다. 그래서 그 동네에서 가장 잘 웃는 사람으로, 또 인사를 가장 잘하는 사람으로, 칭찬을 가장 잘하는 사람으로 소문나는 성도가 됩시다.

3) 3분 건강 러브터치 전도

건강전도에 관심을 보이는 사람이나 잘 아는 동네 아주머니, 친구, 이성이 아닌 동성 간에는 손을 잡고 하면 좋습니다.

어느 정도 친한 사람에게 다가가서 이렇게 말합니다.

"영희 엄마, 손 한번 줘보실래요?"

상대가 이상하지 않으면 손을 잘 내어줍니다. 이때 복음을 전하고, 교회도 안내하며, 간단한 신상을 파악하는 것이 3분 전도법입니다. 비신자와 3분 동안 서로 손 잡고 대화 한다는 자체가 큰 수확이며, 첫 만남의 시간인 3분이 전도를 좌우합니다.

아래의 실습을 한번 해보십시오.

• 한쪽 손을 잡고 충분히 짜줍니다.(밑에서 위로 위에서 밑으로)

• 그리고 한쪽 손은 손목을 잡고 다른 쪽 손은 깍지 껴서 손가락을 펴줍니다. 방법은 손등을 위로해서 5회 정도 해줍니다.

• 다음에는 손등을 위로한 손의 손가락을 하나씩 틀어서 빼줍니다. 손가락 하나하나를 잘해주면 좋습니다.

• 그런 후 양쪽 손으로 상대방의 손등을 잡고 구석구석 비벼줍니다. 손가락도 하나하나 비벼줍니다. 피가 구석구석 잘 통할 수 있도록 비벼주면 좋습니다. 손이 차갑거나 쑤시거나 하는 사람들에게 좋습니다. 관절염이 있는 사람에게는 약하게 하면 됩니다. 충분히 손가락 위에까지 해주면 좋습니다. 손톱 있는 부위도 살짝살짝 마사지 해주면 좋습니다. 시간이 있다면 손바닥도 해주면 좋습니다.

▪ 이제는 양쪽 끝 엄지와 약지 사이에 손가락을 넣고 3회에서 5회 정도 당겨줍니다. 손가락 쪽에서 손목 쪽으로 당겨줍니다. 그리고 옆으로 당겨준 뒤 손침을 해줍니다. 수지침보다 100배의 효과가 더 있습니다. 손에는 오장육부가 다 들어있어 손을 그만큼 만져주면 회복도 됩니다.

▪ 이제는 손을 빼서 사지총으로 앞으로 갔다가 뒤로 갔다가 한 네 번 정도 하고 짜는 것(손바닥에서 손가락으로 위로 짜줌)을 3회 합니다.

이렇게 해주면 아주 시원해 합니다.

그런 후 중요한 것은 상대방의 손가락 부위와 손목 부위를 잡고 사랑의 입김을 불어줍니다. 그러면 정말 좋아합니다. "자매님 사랑합니다" 하고 손바닥을 살며시 탁 쳐주면 3분 전도가 끝이 납니다.

그리고 시간이 더 주어진다면 반대쪽도 해주면 좋습니다. 그러면 마음 문이 더 열리게 됩니다. 그만큼 스킨십이 중요합니다.

기억할 것은 손으로 러브터치를 하면서 사랑의 언어로도 러브터치 할 수 있어야 한다는 것입니다. 한마디의 러브터치도 아주 중요합니다.

4) 노방전도를 통해 관계를 맺어 관계전도로 열매 맺기

▪ 기도로 하루를 시작할 때 "항상 나와 만나는 사람이 나의 전도대상자가 되게 하여 주세요"라고 기도를 드립니다.

▪ 전도지를 매일 하루 10장씩 가방이나 다른 주머니에 들고 다닙니다. 전도지를 들고 다니지만 아무에게나 막 주는 것이 아니라 성령님이 마음에 감동을 주는 사람에게 전도지를 줍니다.

▪ 성령님이 감동 주는 사람에게 복음을 전한 후 그냥 보내기보다는 "저는 행복플러스교회 목사인데, 당신과 당신 가족을 위해 기도해 드리

겠습니다"라고 말하면 복음을 들은 대부분의 사람들은 마음 문을 열게 됩니다. 그 후 "주소를 가르쳐줄 수 있느냐"고 한 후 주소와 전화번호를 받아서 그날 저녁부터 문자관리를 해주면 좋습니다. 문자는 좋은 성경 구절이나 일반적인 좋은 명언도 좋습니다. 이때 상대방이 싫증나지 않을 정도로 지혜 있게 해야 합니다. 그리고 일주일에 한번 정도는 만나서 정성이 담긴 작은 선물을 주면 선물을 받는 전도대상자가 더욱 마음의 문을 열게 됩니다. 바로 마음의 문을 열면 교회로 인도해도 좋고, 그렇지 않으면 구역이나 셀 모임으로 인도하면 좋습니다.

· 만날 때마다 상대방이 무엇을 좋아하는지, 그 사람의 기호가 무엇인지 파악하는 것이 중요합니다. 이것은 전도대상자가 교회에 왔을 때 그 대상자를 교회에 정착시킬 수 있는 좋은 자료가 됩니다. 상대방을 만나다 보면 보기에는 지적으로 보이는데 공부라는 이야기만 꺼내도 싫어하는 사람이 있고, 보기에는 수더분하게 보이는데 배우는데 열정적인 사람이 있습니다. 그러므로 그 사람에 대해 잘 파악하는 것이 전도 후에 교회에 정착시키는데 큰 힘이 됩니다.

· 계속 그 영혼을 위해 기도합니다. 전도와 정착의 최대 관건은 전도자의 기도입니다. 노방전도든지 관계전도든지 전도자가 기도를 쉬면 안 됩니다. 어느 피아니스트가 이야기 한 것처럼 하루만 기도를 쉬어도 전도하기에 게을러집니다. 농부가 게을러지면 비닐하우스에서 잘 자라던 화초들이 시들어지는 것처럼 전도자가 기도를 쉬면 영적인 비닐하우스에서 자라던 사과들의 영혼이 시들어집니다. 끝까지 기도를 쉬지 않아야 합니다.

가족 및 이웃과 관계를 돈독히 하는 10가지 방법

1. 가족 및 친척, 그리고 주변 사람들의 애경사를 살펴라.
2. 함께 하는 사람들에게 1초 먼저 인사하라.
3. 항상 이름을 기억하고 이름을 불러줘라.
4. 동네 반상회나 학교의 학부모회 등 각종 모임에 참석하라.
5. 부활절 카드와 성탄 카드 또는 연하장 보내는 것을 게을리 하지 말라.
6. 지속적인 만남을 통해 서로 간에 신뢰감을 구축하라.
7. 작은 것 하나라도 함께 하기를 노력하라.
8. 상대방의 약점을 노출시키지 말고 장점을 칭찬해 줘라.
9. 한 사람 한 사람을 특별하게 대우하라.
10. 한 영혼 한 영혼을 놓고 끊임없이 기도하라.

좋은 인간관계를 위한 십계명

1. 순수한 관심을 표현하라.
2. 상대방의 이름을 기억하라.
3. 진심으로 칭찬하고 아낌없는 찬사를 보내라.
4. 항상 미소를 지어라.
5. 상대방의 입장에서 생각하라.
6. 상대방을 최고라고 생각하고 대하라.
7. 기대를 거는 만큼 격려하라.
8. 끝까지 상대방의 말에 귀를 기울여라.
9. 상대방의 실수를 지적하지 말라.
10. 잘못이 있을 경우 스스로 인정하라.

섬김전도

“선한 일을 행하고 선한 사업에 부하고 나눠주기를 좋아하며 동정하는 자가 되게 하라 이것이 장래에 자기를 위하여 좋은 터를 쌓아 참된 생명을 취하는 것이니라” (딤전 6:18~19)

섬김전도는 개인과 구역, 그리고 교회가 함께 할 수 있는 전도 방법입니다. 이 전도의 특징 또한 누구나 할 수 있습니다. 섬김전도는 가족과 형제와 이웃을 섬기면서 하는 전도입니다.

사도행전 9장 36절에 나오는 ‘도르가’ 가 이런 형의 전도자입니다. 섬김전도에 있어서 도르가를 능가할 사람을 찾기는 쉽지 않을 것입니다. 당시 사람들은 단순히 그녀의 행위만 보아도 감동을 받았었고, 그녀를 통해 그리스도의 사랑을 어렴풋이나마 이해할 수 있었습니다. 그녀가 병들어 죽었을 때에는 사람들은 그를 포기하지 않고 베드로를 통해서 다시 살려내기도 했었습니다.

이 방법이 어울리는 사람들은 다른 사람을 섬기는 일이 비교적 쉽게 느껴질 것입니다. 하나님이 그 일을 위해 그들을 만드셨기 때문입니다. 그들은 천성적으로 다른 사람들이 보지 못하는 것을 보고 인정을 받지 못해도 섬기는데서 기쁨을 맛보는 사람들입니다. 종종 베푸는 물질로서 사랑을 표현하기를 좋아하는 사람들이기도 합니다.

이 전도 방법은 다른 모든 방법보다 강압감을 덜 주지만 영적 열매를 얻는 데는 훨씬 오랜 시간이 걸립니다. 하지만 이 방법은 복음 전도법 가운데서 가장 중요하고 확실한 방법입니다. 아무도 다가설 수 없는 사람들을 감동시키기 때문입니다.

이 사랑으로 다가가는 전도자들을 막을 장애물은 아무것도 없습니다. 그 어떤 완고한 사람도 사랑 앞에는 녹아질 수밖에 없습니다. 손이 모자

랄 때 도와주고, 누군가 아플 때에 음식을 마련해서 갖다 주는 일 등은 누구라도 다가설 수 있는 방법입니다. 평범한 봉사행위라도 하나님의 사랑으로 행해질 때 거기에 전능자의 능력이 나타납니다.

그러면 이 섬김으로 하는 전도에는 어떤 것들이 있을까요?

"어느 목사님이 공중화장실에 갔더니 여자 한 분이 그 공중화장실을 청소하고 있었습니다. '왜 그렇게 하느냐' 물었더니 '교회가 사회를 위해 봉사하는 것이 마땅하지 않느냐' 하면서 전도카드를 주며 '예수 믿으세요!'" 하고 전도를 해왔다고 합니다.

화장실 청소를 하지 않더라도 전국의 화장실을 전도의 기지로 삼는 것도 중요합니다.

1) 섬김전도의 실제적 운동

'깨끗한 거리 만들기 전도행사' (남여전도회 및 주일학교)
· 오전예배 후 : 현관 앞에 각 전도팀별로 모여 팀별로 출발
· 시간 : 13시까지
· 차량운행 : 여2전도회, 여3전도회(건너편 지역)
(3인 1조 : 휴지집게, 휴지봉투, 선물전도지, 어깨 띠 착용)

어느 집사님의 남편은 이사를 갔는데 교통정리 해주는 교회성도들을 보고 우리가 교회 나가면 저 교회에 가자고 했다고 합니다. 이웃에게 베푸는 작은 정성을 우리의 이웃은 외면하지 않습니다. 이웃을 섬기면서 하는 전도가 이 시대에 필요한 전도입니다.

2) 섬김전도를 통한 불신남편 전도전략 30일 작전

(1) 첫째 주간에 할 일 (구체적인 계획을 세우고 마음을 비우는 주간)

"믿지 아니하는 남편이 아내를 인하여 거룩하게 되고 믿지 아니하는 아내가 남편으로 인하여 거룩하게 되나니"(고전 7:14)

1일, 남편을 위해 30일 동안 꾸준히 기도하겠다고 다짐하는 날입니다. 매일 집중적으로 간절하게 기도합니다. 낙심하지 말고 끈덕지게 기도하겠다고 다짐합니다. 하나님이 도와주시면 어떤 장벽이라도 무너질 수 있습니다.

2일, 남편은 나의 왕이라고 20번 이상 외치는 날입니다. 이때 주의할 점은 나는 왕비가 아니라 무수리라고 생각해야 합니다. 섬김전도에 있어서 가장 필요한 것은 다른 사람을 나보다 낫게 여겨야 합니다.

3일, 남편이 중병으로 사형선고를 받았다고 생각하는 날입니다. 그러면 혹시 불평하고 미워했던 남편이라도 남편에 대한 애틋한 사랑이 피어오를 것입니다.

4일, 자신도 암으로 사형선고를 받았다고 생각하는 날입니다. 이제 남은 시간이 얼마 되지 않습니다. 죽기를 각오하고 사랑해야 합니다. 사람이 죽기를 각오하고 사랑하면 넘지 못할 장벽은 하나도 없습니다.

5일, 이제는 남편은 나의 주인이고 나는 남편의 무수리라고 생각하는 날입니다. 남편을 전도하기 위해서는 자신을 철저히 낮추는 모습이 필요합니다.

6일, 남편이 이 세상에서 가장 잘생긴 미남이라고 생각하는 날입니다. 그렇게 안 보인다 할지라도 자신의 생각을 바꾸는 것이 중요합니다. 마인드를 바꾸는 것이 중요합니다.

7일, 남편이 나에게 잘해준 것을 생각하는 날입니다. 아내들은 항상 못해준 것만 기억한다고 합니다. 그러나 가만히 생각해 보면 세상에서 자신에게 이렇게 잘해주는 사람은 남편밖에 없을 것입니다.

(2) 둘째 주간에 할 일 (서서히 젖어드는 이슬비가 내리는 주간)

"믿지 아니하는 남편이 아내를 인하여 거룩하게 되고 믿지 아니하
는 아내가 남편으로 인하여 거룩하게 되나니"(고전 7:14)

8일, 남편의 연약함을 생각하는 날입니다.
단점을 지적하라는 것이 아니라 남편이 가지고
있는 약함을 불쌍히 여겨야 합니다.

9일, 남편의 외로움을 채워 줄 사람은 자신
밖에 없다고 생각하는 날입니다. 실제적으로
남편이 가장 외로움을 느낄 때는 아내가 없을
때였을 것입니다.

10일, 남편의 허물을 덮어주는 날입니다.
이때만은 남편의 장점만을 골라서 칭찬해 주어
야 합니다. "내 인생에서 당신을 만난 것이 행
운이에요"라고 말하며 정말 남편에 대해 고마
운 마음을 가져야 합니다.

11일, 남편이 좋아하는 음식 목록을 적고
식단을 준비하는 날입니다. 이때는 신혼의 기
분으로 돌아가 남편의 반찬에 정성을 다해 준
비하고 기다립니다.

12일, 남편의 장점을 면밀히 체크해 보는
날입니다. 사람은 누구에게나 장단점이 있게
마련입니다. 정작 본인은 알지 못하고 옆에서

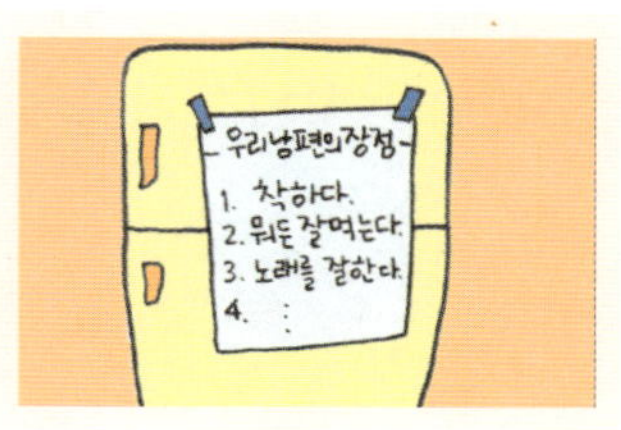

이해할 때가 많은데 그것을 체크하여 칭찬 할 준비를 갖추면 좋습니다.

13일, 남편의 취미를 인정해 주고 함께 나누는 날입니다. 직장에서 온갖 스트레스로 찌든 남편의 건강을 위해서도 좋고, 부부가 같은 취미를 갖고 여가를 즐긴다는 자체가 유익한 일입니다. 건전하고 유익한 취미를 함께 익혀서 언제든지 상대가 되어줄 수 있도록 준비하면 좋습니다.

14일, 모든 일의 우선순위가 주님 다음으로 남편이라는 사실을 인정하는 날입니다. 모든 일에 있어서 우선순위가 있는 법입니다. 사실 남편이 잘 되어야 가정이 잘 됩니다. 건강하고 건전한 남편은 가정의 기쁨입니다. 모든 일의 우선순위가 주님 다음으로 남편이라는 생각을 가져야 합니다.

(3) 셋째 주간에 할 일 (본격적으로 사랑과 섬김을 실천하는 주간)

"믿지 아니하는 남편이 아내를 인하여 거룩하게 되고 믿지 아니하는 아내가 남편으로 인하여 거룩하게 되나니"(고전 7:14)

15일, 남편을 일류멋쟁이로 만들어 주는 날입니다. 자녀에게 쏟

앴던 정성을 이날만큼은 남편에게 최선을 다해 멋있는 남편으로 만들어 줍니다. 양말부터 속옷까지, 그리고 예쁜 손수건에다 향수를 뿌려 주고 가장 잘 어울리는 넥타이를 골라주고 멋있게 꾸며줍니다.

16일, 출근 전에 남편의 구두를 닦아주고 차를 닦아주는 날입니다. 이 일은 사소한 일이지만 정말 남편의 기분을 좋게 만들어 줍니다.

17일, 남편의 기를 살려주는 날입니다. 가장으로서의 남편의 권위와 남편의 지도력을 신뢰해야 합니다. 이것은 평소에 있어야 하는 것입니다.

18일, 오늘은 출근할 때부터 최고의 대우를 하는 날입니다. 현관 앞이나 아파트 입구까지 나가서 스튜어디스처럼 인사를 합니다. 그리고 차가 보이지 않을 때까지, 또는 얼굴이 보이지 않을 때까지 손을 흔듭니다.

19일, 집안을 멋지게 단장하고 얼굴을 아름답게 화장하는 날입니다. 누구나 새로운 환경을 좋아합니다.

20일, 남편을 행복하게 만들어 주는 날입니다. 분위기 있는 조

명을 준비하고 남편이 좋아하는 음식과 과일도 준비하고 남편을 사랑하는 그윽한 눈으로 바라보면서 비음이 섞인 목소리로 "여보, 당신을 만난 것이 내 인생에 가장 큰 축복이에요"라고 속삭여줍니다.

21일, 아이들 앞에서 남편을 칭찬하는 날입니다. 남편이 텔레비전 앞이나 다른 곳에 앉아있어도 큰소리로 자녀들에게 남편을 칭찬합니다. 남편도 아이들 앞에 인정받는 아빠가 되기를 원합니다.

(4) 넷째 주간에 할 일 (지속적으로 사랑을 쏟아 붓는 시간)

"믿지 아니하는 남편이 아내를 인하여 거룩하게 되고 믿지 아니하는 아내가 남편으로 인하여 거룩하게 되나니"(고전 7:14)

22일, 남편에게 사랑을 고백하는 날입니다. 남편이 출근하기 전에 그의 호주머니에 사랑과 위로와 감사가 담긴 편지를 넣으면 남편은 감격할 것입니다.

23일, 남편에게 하루 종일 살며시 미소 짓는 날입니다. 아침에 미소로서 눈을 뜰 수 있도록 아름답게 화장을 하고, 좋아하는

음악을 준비하고, '고미안감사축' 의 아름다운 말을 나누면서, 저녁에 미소로 맞이하며 미소로 잠들게 합니다.

24일, 남편의 발을 씻어주고, 안마를 해주는 날입니다. 예수님도 제자들에게 그렇게 하셨는데, 일생의 동반자인 남편에게 그렇게 못할 이유가 없습니다.

25일, 남편에게 최고로 대접하는 날입니다. 남편이 제일로 좋아하는 음식을 준비하고, 남편을 위하여 정성껏 화장을 하고, 한복도 예쁘게 차려입고 후식까지 준비하면서 음식점에서 서비스하는 것 이상으로 대접합니다.

26일, 남편의 직장의 동료들을 집으로 초청하거나 직장의 동료들에게 맛있는 간식을 준비해주는 날입니다. 남편의 기를 살려주는 날입니다.

27일, 남편의 시댁 식구들을 초청해서 잔치를 벌이는 날입니다. 그 장소에서 남편을 최대한 자랑하면 남편은 아내에게 정말 고마움을 느낄 것입니다.

28일, 남편의 건강을 위하여 건강식품이나 보약을 준비하는 날입니다. 남편에게 최고의 서비스를 한 다음 남편에게 조용히 다가가

소원이 있다고 말합니다. 무엇이냐고 물으면 당신의 건강을 위해서 건강식품을 준비하고 싶은데 허락해 달라고 하면서 애교를 떨고 정성껏 기도하고 준비하여 남편에게 대접합니다.

(5) 다섯째 주간에 할 일 (남편을 주님 앞으로 인도하는 주간)

"믿지 아니하는 남편이 아내를 인하여 거룩하게 되고 믿지 아니하는 아내가 남편으로 인하여 거룩하게 되나니"(고전 7:14)

29일, 하루 종일 시무룩한 얼굴로 보내는 날입니다. 이 날에는 작전상 근심이 얼굴에 가득차야 합니다. 남편이 무슨 일이 있느냐고 물으면 시무룩하게 "아무 일도 없어요. 너무 걱정하지 마세요"라고 말해야 합니다.

30일, 남편에게 진지한 믿음의 제의를 하는 날입니다. 교회 나갈 때 남편과 손잡고 같이 나가는 것이 소원이고, 천국에서도 영원히 남편과 함께 있고 싶다는 고백을 진실한 마음을 가지고 해야 합니다. 그리고 남편에게 "이번 주일에 같이 교회에 가보자"라고 제의해야 합니다.

반드시 각 날짜에 체크하면서 실행해야 합니다. 30일 안에 남편이 돌아오지 않으면 다시 한 번 실망하지 말고 한 달을 더 하십시오. 기도하며, 섬기며 나아갈 때 10년 동안 돌아오지 않았던 남편도 돌아오는 기적이 일어납니다.

아내의 정성스러운 섬김과 사랑을 거절하는 남편은 아마 거의 없을 것입니다. 섬김과 사랑은 막힌 문을 여는 열쇠입니다. 비신자 남편을 섬김전도를 통해 전도하여 당신의 가정에 구원의 기쁨이 넘쳐나기를 희망합니다.

필요 중심 전도는 다섯 번째의 섬김전도와 비슷한 면도 있지만, 조금 다른 것은 전도자가 지역의 비신자들을 찾아가서 그들의 필요한 것을 채워주는 원리의 전도 방법입니다. 이 전도는 어린아이에서 노인들까지 남녀노소를 막론하고 참여할 수 있는 것이 특징입니다. 또한 이 전도는 개인이 할 수 있고 구역이나 셀 그룹, 각 부서 등 필요에 따라 다양하게 할 수 있습니다.

이 필요 중심 전도는 막연하게 "전도 합시다"라고 말하지 않고, 구체적인 전도 방법들을 제시하고, 지역사회 현장을 찾아가 사람들과 접촉하고 그들의 필요를 채워줌으로 전도하는 것입니다.

필요 중심 전도에 있어서 탁월하게 열매를 맺은 교회는 미국 오하이오 주 신시내티에 있는 빈야드공동체교회입니다. 이 교회는 필요 중심 전도로 37명에서 7,000명의 교인으로 교단 최대 교회로 성장하였습니다. 이 방법뿐만 아니라 빈야드공동체교회는 101가지의 전도 방법을 통해 교회의 큰 부흥을 일으킬 수 있었습니다.

이 빈야드공동체교회에서 했던 방법 중에서 우리가 할 수 있는 방법을 아래에 소개합니다.

1) 시원한 음료수 나누어주기

이것은 개인이 하는 것보다는 구역식구들이나 셀 그룹이 함께 하면 좋습니다. 무더운 여름날 파라솔과 시원한 음료수를 준비하여 사람이 붐비는 곳에 나가 더위에 지친 이들에게 나눠주면 좋은 효과를 볼 수 있습니다. 이때 전도지를 나누어주며 관계가 맺어진 사람들에게는 복음을 전하면 큰 효과를 볼 수 있습니다. 겨울에는 따뜻한 커피나 녹차 또는 홍차를 준비하면 좋습니다.

2) 지역의 택시기사들에게 샌드위치 나누어주기

우리 지역에서 하고 있는 전도 방법입니다. 시간은 오전 12시에서 1시까지 단 1시간으로도 많은 효과를 볼 수 있습니다. 거리에 "수고하는 기사님들에게 샌드위치를 무료로 드립니다"라는 현수막을 걸어놓고 나누어주면 효과가 큽니다. 연동교회 이성희 목사님도 말했듯이 택시기사 한 명에게 복음을 전하면 300명에게 전하는 효과가 있을 정도로 반응이 정말 좋습니다. 소도시의 반응은 더 뜨겁습니다. 샌드위치를 나누어줄 때 좋은 성공플러스나 명품인생 또는 교회의 전도 주보를 준비해도 괜찮습니다.

3) 교회주변 동네나 구역주변 지역의 쓰레기 줍기

전도지를 들고 전도하는 전도도 필요하지만 일주일에 한 번, 아니면 한 달에 한 번이라도 주변 지역의 공원이나 동네를 청소하는 것은 전도에 좋은 효과를 줍니다. 이때 예쁜 조끼로 된 단체복을 입는 것이 보기에도 좋고 홍보에도 좋습니다. 그러나 이때 주의할 것은 한번의 행사로 끝나서는 안됩니다. 일 년이면 일 년 꾸준히 하는 것이 좋습니다. 일회성 홍보용 행사로 끝난다면 안하는 것만 못합니다. 지역을 사랑하는 마음으로, 그리고 그 동네에 살고 있는 사람들을 사랑하는 마음으로 할 때 좋은 효과를 볼 수 있습니다.

4) 성공플러스나 명품인생 나누어주기

우리 교회에서 하고 있는 전도입니다. 이것은 헬프 이팅이 아니라 셀프 이팅입니다. 나누어주면 자기들이 읽고 교회로 연락도 하고, 교회에 등록을 하는 역사가 많이 나타납니다. 이것은 월간 전도 잡지인데 관공서나, 그리고 사무실이나 가게에 나누어주면 좋습니다. 지하철역이 가까운 곳에 있는 교회에서는 지하철역에서 나누어줘도 좋은 효과를 봅니다. 잡지를 나누어줄 때는 혼자서 하는 것보다 몇 명이 짝을 이루어서 하는 것이 효과적입니다.

5) 물건을 쉽게 가져갈 수 있도록 도와주기

우리 교회 주변에는 시장이 있습니다. 시장에 물건을 사러오는 주부들 가운데에는 그냥 맨손으로 와서 물건을 많이 사가지고 갈 때 손이 아프다고 호소하는 사람들이 종종 있습니다. 그들에게 다가가 박스를 뜯어서 만든 작은 손잡이를 나누어주면 너무 좋아합니다. 그리고 시간이 된다면 얼마쯤 들어다 주면서 복음을 전하면 좋은 전도의 효과를 볼 수 있습니다.

6) 비오는 날 우산가지고 나눠주기

전도 세미나 관계로 저는 광명역에서 KTX를 타고 여행할 때가 많습니다. 하루는 역에 내렸는데 비가 얼마나 오는지 주차장으로 한참 동안 가지 못하고 있을 때 한 자매가 다가와 자신의 우산을 주며 바쁘신 것 같은데 먼저 가시라고 할 때 정말 저는 감동했습니다. 주차장에 가서 차를 가지고 나와 다시 우산을 자매에게 주고 왔지만 그날의 감동은 지금도 잊어지지 않습니다.

이와 같이 비가 갑자기 오는 날은 전도하기에 정말 좋습니다. 버스 정류장이나 지하철역 앞에 우산을 준비해서 미처 우산을 준비하지 못한 사람들에게 전도지와 함께 우산을 나눠주면 너무나 좋아합니다. 그런데 우산에 좋은 글귀가 들어가면 더 좋습니다.

"예수님은 당신을 사랑 하십니다." 그리고 작은 글씨로 '행복플러스교회' 또는 "예수님 안에 행복이 있습니다. 행복플러스교회'라고 기록해 놓으면 좋습니다. 우산은 예쁜 단색이 좋고 전화번호를 적어 놓으면 좋습니다.

7) 화장실 청소 해주기

사람들이 가장 하기 싫어하는 것 중에 하나가 화장실 청소일 것입니다. 교회에서 가까운 곳이나 자기가 살고 있는 곳에서 가까운 사무실이나 음식점 또는 편의점이나 공원에 가서 하면 좋습니다. 물론 청소를 주기적으로 하는 분들이 계시나 양해를 구하고 매일하는 것이 아니라 일주일에 한 번 정도 한다고 하면 하지 말라고 하는 곳은 없습니다.

그리고 화장실 청소를 한 후 그곳에다 화장실 전도지를 예쁘게 부착하고 나옵니다. 그리고 계속적으로 방문해서 매주 혹은 며칠에 한 번 다른 것으로 바꾸어주면 더 좋습니다.

8) 목욕탕에서 등 밀어주기

목욕탕에 가면 혼자 목욕하는 사람들이 많이 있습니다. 체면 때문에 등을 밀어 달라 하지 못하고 힘겹게 등을 미는 사람들에게 다가가 육신의 때도 밀어주고 영혼의 때도 닦아주는 일석이조의 전도 방법입니다. 어떤 성도는 매주 토요일 목욕탕에 가서 일명 때밀이 전도를 하는 분이 있습니다.

사과전도 방법 07_ 전도지 전도 및 노방(배부)전도

"하나님께서 전도의 미련한 것으로 믿는 자들을 구원하시기를 기뻐하셨도 다."

(고전 1:21)

이 일곱 번째 방법도 누구나 할 수 있습니다. 이 방법은 기도하며 걸어가며 할 수 있는 전도 방법입니다. 그냥 부착만 해서는 안됩니다. 기도하며 부착해야 합니다.

이 전도 방법은 아주 단순하면서도 능력 있는 전도 방법입니다. 우리가 길을 가다가 할 수 있는 전도는 많지 않습니다. 바삐 지나가는 현대인들에게 가는 길을 멈추게 한다는 것은 쉽지 않습니다. 그러나 죽어가는 저들의 영혼을 살릴 수 있는 방법이 있다면 바로 전도지 전도입니다. 아무리 바삐 지나가더라도 사랑의 미소와 함께 하는 전도지를 외면하지는 않습니다.

내 핸드백이나 내 서류가방 속에 그 영혼을 살릴 수 있는 영혼의 접촉 무기가 들어 있어야 합니다. 적어도 전도지나 복음을 전할 수 있는 복음 제시 전도지가 있어야 합니다. 그래서 저는 가는 곳마다 강조합니다.

"당신의 핸드백을 복음의 저장고가 되게 하라."

교회 올 때 들고 오는 가방 말고 아름답게 치장을 하고 친구를 만나기 위해서 가는 그 핸드백 속에 전도지가 들어 있는지 확인해 봐야 합니다.

관계전도를 통해 열매를 맺는 것은 중요합니다. 그러나 더 중요한 것은 전도의 습관화, 그리고 생활화가 더 중요합니다.

1) 전도지 전도 방법

'기도하며 걸어가며 나누어 주는 전도'는 아주 단순하면서도 능력 있는 전도방법입니다. 그것은 우리로 하여금 기도에 대하여 친밀하고 적극적인 태도를 갖게 하며, 전도지를 나누어 줌을 통하여 내가 속해 있는 지역이 예수 그리스도와의 교제권 안에 들어 올 수 있도록 영향력을 끼칩니다.

이 방법은 특히 비신자들을 접근하는 것에 대하여 불편함을 느끼는 성도들에게 아주 적합하며 그들로 하여금 사람들과의 직접적인 접촉이 없이도 전도에 참여하고 있다는 소속감을 갖게 합니다.

2) 지역을 정해 놓고 뿌리는 전도 방법

이 방법은 자기가 살고 있는 지역 또는 교회 주변에 있는 아파트 또는 일반 주택을 한 사람당 10 가정이나 20 가정씩 정해서 매주일 문고리 전도지 또는 부착 전도지를 걸어놓던지 또는 스카치테이프로 뒷면에 붙여서 부착해 놓는 것입니다. 사람이 부재중인 아파트 및 가정 전도에 좋습니다. 처음 한두 번은 스쳐 지나가지만 계속 다른 내용의 좋은 글이 그림과 함께 액자에 실려 있는 것을 보고 문고리 액자 전도지 마니아가 됩니다. 어느 문이나 걸어놓고 올 수 있어 전도효과가 정말 좋습니다. 문고리 액자 전도지는 어느 문에나 걸어 놓을 수 있습니다. 기존의 많은 문고리들은 특정한 문에만 걸어놓을 수 있어 불편함이 많았습니다. 그런데 문고리 액자 전도지는 어떤 문에나 걸어놓을 수 있도록 특별히 만들었습니다.

구역별로 해도 좋습니다. 혼자 하는 것보다 훨씬 큰 힘이 됩니다. 자주 모이기가 어렵다면 구역예배가 끝난 뒤 하는 것도 좋고 주일예배 후에 함께 모여 하는 것도 괜찮습니다. 그것도 어렵다면 혼자 요일을 정해놓고 하는 방법도 좋습니다. 매주일 날짜와 시간을 정해놓고 전도지를 돌리면 효과가 많이 나타납니다.

행복한 모습으로 전도지를 돌리다가 집주인이나 동네사람들을 만나면 무조건 먼저 인사하며 행복을 전해 줍니다. 돌리다 보면 반응이 좋은 가정은 복음을 제시해서 영접시킬 수 있습니다.

3) 성공플러스 및 명품인생 전도 잡지 전도 방법

사과전도의 셀프 이팅 전도지로서 가장 중요한 역할을 하고 있는 전도지는 바로 성공플러스와 명품인생입니다. 2003년부터 시작한 이 전도지는 지금 전국의 40여 교회에서 실제로 부흥의 역사를 맛보고 있는 전도지입니다. 이 전도지는 먼저 나누어주는 전도자들에게 대단한 호평을 받습니다. 전도지는 나누어주는 사람들이 즐겁게 나누어줄 수 있어야 하는데 이 전도지야 말로 이 시대 전도에 있어서 가장 필수적인 전도지라 할 수 있습니다.

"목사님 저는 천주교 신자인데 성공플러스 내용이 너무 좋아 교회에 왔어요."

이 성도는 성공플러스를 통해 우리 교회에 등록했습니다.

이런 예들이 전국의 많은 교회들에게서 연락이 옵니다. 이 전도지를 통해 실제적인 부흥이 일어나는 교회들이 많이 있습니다. 지금 전국과 미국의 교회까지 40여 교회가 동참하고 있는데 꾸준히 하는 교회는 모두 전도의 열매가 맺히고 있습니다.

그리고 '성공플러스' 라는 제목 때문인지는 몰라도 이 전도잡지를 돌

리는 나누어주는 교회의 부흥은 물론 담임목사님들 또한 각 교단의 총
회장님이 되는 놀라운 축복을 받았습니다.

3) 설문지 전도 방법

사과 전도에서는 몇 가지 설문지를 통해 전도합니다. 이 방법은 풋사
들과 만남에 있어서도 대화를 쉽게 할 수 있는 장점이 있습니다.

1.종교 설문지

1.당신의 종교는 무엇입니까?
　　　1)기독교 2)불교 3)천주교 4)유교 5)기타

2.만약 종교를 옮기고 싶다면 어떤 종교를 택하시겠습니까?
　　　1)기독교 2)불교 3)천주교 4)유교 5)기타

3.사람에게 영혼이 있다고 생각하십니까?
　　　1)있다   2)없다

4.천국과 지옥에 대해서는 어떻게 생각하십니까?
　　　1)있다   2)없다

5.천국 가는 방법이 무엇이라고 생각하십니까?
　　　1)착한 일을 하면 갈 수 있다   2)종교를 믿으면 갈 수 있다.
　　　3)죄의 문제를 해결하면 갈 수 있다.

6.천국 가는 방법에 대해서 말씀드리겠습니다.

1)하나님은 모든 사람들이 천국에 오기를 기뻐 하십니다

2)죄인은 천국에 갈 수 없습니다

3)안타깝게도 모든 사람은 죄를 범 했습니다

4)예수님은 죄인들을 구원해 주시기 위해서 이 땅에 오셨습니다.

5)예수님을 나의 구세주로 믿기만 하면 천국에 갈수 있습니다.

6)당신은 이 귀한 천국의 선물을 받으시겠습니까?

7.저희 교회에서 당신을 꼭 초청하고 싶은데 오실수 있으시죠!

1)예   2)아니오

예 – 이름 성별 주소 전화번호 를 적어서 전도 대상자 명단에 올린다
아니오 – 설문에 참여해 주셔서 감사합니다.
저희가 작은 선물을 준비했습니다.

관계전도든 거리에서 만난 사람이든 바로 복음을 제시 하는 것 보다 훨씬 더 효과있는 전도가 될 수 있습니다. 가정 설문지, 직업 설문지, 자녀교육 설문지, 건강 설문지, 지역주민을 위한 설문지 등이 있습니다. 이 설문지들을 한 주에 하나씩 다른 설문지를 들고 나가면 효과가 있습니다.

성공플러스

| 표지 & 내지
(전체 8페이지)

성공플러스

| 교회소개 면

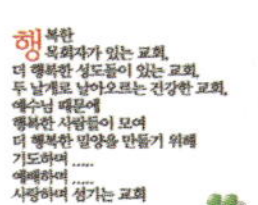

| 표지 & 내지
　(전체 8페이지)

| 교회소개면

행복스토리
　(전체 8페이지)

5장. 사과 맞춤 전도 8가지 방법　

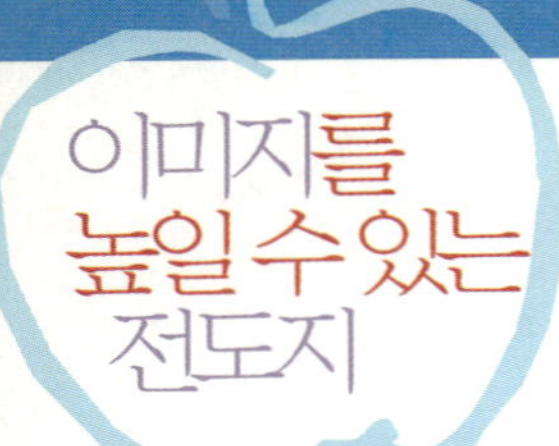

건강 전도지 & 비타민 전도지

건강 전도지

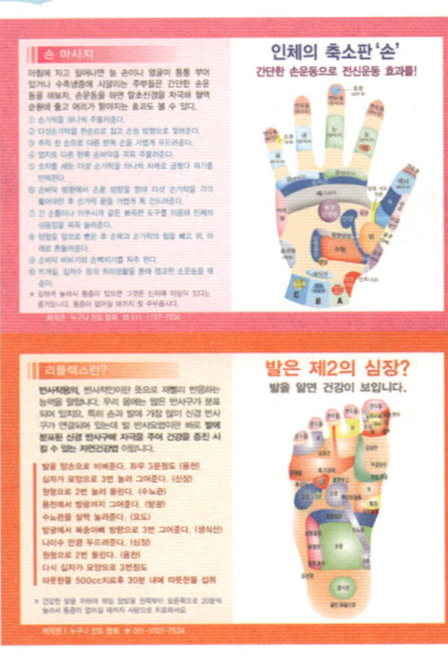

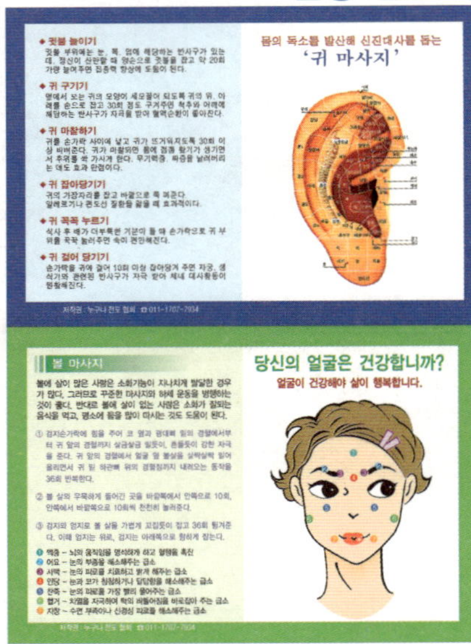

비타민 전도지

100집 붙이기 전도지
| 12 종류

성공하는 사람에게 꼭 필요한 말 10가지

꿈을 가져야 합니다

끼가 있어야 합니다

깡이 있어야 합니다

끈이 있어야 합니다

꼴도 좋아야 합니다

꼼을 잘해야 합니다

꾼이 되어야 합니다

끝이 분명해야 합니다

짱이 되어야 합니다

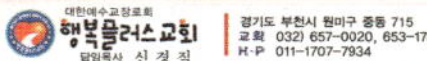

대한예수교장로회 **행복플러스교회** 담임목사 신경직
경기도 부천시 원미구 중동 715
교회 032) 657-0020, 653-1788
H·P 011-1707-7934

긴자마루칸의 창업자
사이토히토리의 성공 매력 가이드

"매력있는 사람이 성공합니다"

사이토히토리의 10가지 성공 매력 가이드

1. 항상 명랑하고 유머를 잃지 마라
2. 남의 말을 잘 들어 주라
3. 험담하거나 비판하지 말라
4. 약속을 생명처럼 지키라
5. 남에게 늘 감사하는 마음을 전하라
6. 필요할 때 망설이지 말고 필요한 행동을 취하라
7. 꿈을 향해 노력하고 최선을 다하는 사람이 되라
8. 외모를 단정하게 하라
9. 말을 골라할 줄 알라
10. 부정적이고 소극적이기 보다 긍정적이고 적극적인 사람이 되라

대한예수교장로회 **행복플러스교회** 담임목사 신경직
경기도 부천시 원미구 중동 715
교회 032) 657-0020, 653-1788
H·P 011-1707-7934

남편이 아내에게 꼭 해야 할 7가지

1. 종합검진은 최고의 선물
2. 함께 운동을 시작하자
3. 영양제를 사주자
4. 퇴근길에 야채·과일을 사가지고 오자
5. 아내가 아프면 효도할 때다
6. 잠자기 전 대화는 만병통치약
7. 칭찬하는 아내로 칭찬하자

대한예수교장로회 **행복플러스교회** 담임목사 신경직
경기도 부천시 원미구 중동 715
교회 032) 657-0020, 653-1788
H·P 011-1707-7934

로맨틱한 남편이 되기 위한 10가지 비결

1. 스마트한 몸매, 강인한 체력을 만들어라
2. 하루 한나씩 아내를 위한 유머를 준비하라
3. 대화할 때 3.3.3 요법을 실행하라
4. 노예임이 아닌 주민현의 남편이 되라
5. 하루 한번이상 아내의 솜씨를 칭찬하라
6. 하루 한번 집으로 전화해서 안부를 물어라

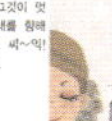

대한예수교장로회 **행복플러스교회** 담임목사 신경직
경기도 부천시 원미구 중동 715
교회 032) 657-0020
032) 653-1788
H·P 011-1707-7934

부부가 넘어야 할 7가지 고개

첫째 고개는 환상의 고개로 신혼부터 3년쯤 걸려 넘는 고개로 갖가지 어려움을 비몽 사몽간에 웃고 울며 넘는 **"눈물고개"**

둘째 고개는 타협의 고개로 결혼 후 3~7년 동안에 서로에게 드러난 단점들을 타협하는 마음으로 위험한 권태기를 넘는 **"진입기는 고개"**

셋째 고개는 투쟁의 고개로 결혼 후 5~10년을 사는 동안 진짜 상대방을 알고 난 다음 피차가 자신과 투쟁하며 상대를 포용하는 현기증 나는 **"비탈고개"**

넷째 고개는 결단의 고개로 결혼 후 10~15년이 지나면서 상대방의 장·단점을 현실로 인정하고 보조를 맞춰가는 **"첫바퀴 고개"**

다섯째 고개는 따로 고개로 결혼후 15~20년사이에 생기는 병으로 함께 살면서 정신적으로는 별거나 이혼한 부부처럼 따로따로 자기 삶을 체념하며 넘는 **"이혼쯤 고개"**

여섯째 고개는 결혼후 20년이 지나면 통일 고개로 과거에 있었던 모든 것을 서로 덮고 새로운 헌신과 책임을 가지고 상대방을 위해 남은 생을 바치며 사는 **"내리막 고개"**

일곱째 고개는 결혼후 30년이 지나면 자유의 고개로 완숙의 단계로 노력하지 않아도 눈치로 이해하며 행복을 나누는 **"행복 고개"**

대한예수교장로회 **행복플러스교회** 담임목사 신경직
경기도 부천시 원미구 중동 715
교회 032) 657-0020, 653-1788
H·P 011-1707-7934

건강을 지키기 위한 12가지 비결

1. 머리카락을 자주 벗어 주세요
손가락으로 머리카락을 자주 벗으면 두피가 자극되면서 머리가 맑아지고 머리카락도 튼튼해져 윤이 나고 잘 빠지지도 않는다.

2. 얼굴을 자주 두드리세요
얼굴을 자꾸 만져 주면 혈압, 동맥경화 등의 치료에도 도움이 된다. 허리가 아플 때는 코 바로 밑에 있는 인중을 문질러 준다. 자주 문질러 주면 바로 효과를 볼 수 있다.

3. 눈을 자주 움직이세요
눈이 피곤할 때는 눈을 감고 눈동자만 위로 아래로, 좌우로 또는 뱅글뱅글 둘려보자, 잠깐 하는 것만으로도 금방 눈이 맑아지는 것을 느낄 수 있다.

4. 귓불을 자주 만져주세요
귀가 잘생긴 사람은 신장, 비뇨 생식기 계통의 기능이 좋다. 귀는 신장과 관계가 깊기 때문이다. 때문에 귀 전체 특히 귓불을 자주 만져주면 오래 살수 있다.

5. 혀를 자주 굴리세요
혀를 가지고 윗 천장을 핥아보자, 다음은 아래 윗몸 쪽을 핥아 보자, 그러면 침이 생기는데, 이 침은 가히 회춘 비타민이라 할 수 있다. 때문에 혀를 자주 굴려주면 건강해지고 소화도 잘 되며 여러 가지 좋은 점이 많다.

6. 치아를 자주 두드리세요
딱 딱 딱 소리가 나게 조금씩 두드려 주면 치아를 건강하게 할 수 있다. 이 방법을 '고치법'이라고 한다.

7. 침은 삼키세요
자주 침을 뱉는 사람들은 제일 중요한 보배를 버리고 있는 것이다. 따라서 침은 절대 뱉지 말고 모두 삼키는게 좋다.

8. 막힌 것은 버리세요
기관지가 좋지 않거나 또는 감기를 앓고 난 후 담이 끓어 가래가 나온다면 삼키지 말고 모두 뱉어내는 게 좋다.

9. 등을 따뜻하게 하세요
한 여름에 하는 등목은 시원하지만 이렇게 갑자기 자기 체열을 발산시키는 것은 좋지 않다. 등은 언제나 따뜻하게 해야 한다.

10. 가슴을 따뜻하게 보호 하세요
정수들은 심장과 가슴을 보호하기 위해 갑옷을 입는다, 하지만 이렇게 갑옷을 입는 마음으로 가슴을 항상 따뜻하게 하고 보호해야 한다.

11. 배를 자주 만지세요
우리 장기는 시계 돌아가는 방향으로 배열되어 있기 때문에 명치에서부터 치골까지 위아래로 문지르고, 시계 돌아가는 방향으로 배를 문지른다. 평소에 배를 자주 만져주면 소화도 잘 된다.

12. 곡도를 안으로 당기세요
'곡도'란 항문을 말한다, 노인들은 항문에 힘이 없지만 어린아이들은 체온계를 넣기 어려울 정도로 항문의 힘이 강하다. 자주 항문을 오므리듯이 당겨주면 좋다.

출처 / '우리 약초로 지키는 생활한방'

대한예수교장로회 **행복플러스교회** 담임목사 신경직
경기도 부천시 원미구 중동 715
교회 032) 657-0020, 653-1788
H·P 011-1707-7934

인맥을 키울 수 있는 마인드 10

- **'말'로 받으면 '되'로 주라.**
  Give and Take. 남을 위해 봉사하면서 정보를 나누어 주라.
- **이익부터 따지면 손해가 온다.**
  상호이익을 지향하라. 당장의 이익보다 면 미래를 보라.
- **평생인맥은 양보다 질이 중요하다.**
  술과 친구는 오래 묵은 것이 좋다. 우수한 질적인 인맥이 더 소중하다.
- **나를 좋아하는 사람은 내가 만든다.**
  사람을 끌어들이는 친화력을 가지라. 자기 자신을 매력 있는 사람으로 만들라.
- **'나'와 다른 사람에게 투자하라.**
  사람에 대한 투자만큼 큰 것은 없다. 정보를 얻어 필요한 사람에게 제공하라.
- **비뚤어진 눈은 비뚤어진 인맥을 만든다.**
  부정적인 시각을 갖고 인맥을 만들지 말라. 부정적 사고는 부정적 인맥을 만든다.
- **즉효를 기대하지 말라.**
  인간적 심리와 믿음은 신속하게 성장하지 않는다. 끈기와 지속성을 갖고 인맥을 관리하라.
- **먼 친척보다 자주 보는 이웃이 되라.**
  자주 안 보면 멀어진다. 이웃이 사촌이다.(자주 접촉하는 것이 중요하다.)
- **뿌린 대로 거둔다.**
  자신의 능력을 과신하거나 과시하지 말라. 포용력 있는 태도를 견지하라.
- **노력은 인맥의 어머니이다.** 자기 직업에 최선을 다하고 열심히 일하라. 부지런히 노력하고 정열적으로 투자하라.

대한예수교장로회 **행복플러스교회** 담임목사 신경직
경기도 부천시 원미구 중동 715
교회 032) 657-0020, 653-1788
H·P 011-1707-7934

행복한 가정의 6가지 공통점

1. **감사 appreciation 입니다.**
가족 서로가 서로에게 고마움을 표시하고 있다는 말입니다. 부부가 서로 고마움을 표시하고, 부모가 자녀에게 고마움을 표시하고, 자녀가 부모에게 고마움을 표시하는 감사가 있는 가정이 행복한 가정입니다.

2. **헌신 commitment 입니다.**
나보다 가족 전체의 유익과 명예를 먼저 생각한다는 말입니다. 나 보다 서로의 행복을 생각하며 살아간다는 말입니다.

3. **의사소통 communication 입니다.**
서로 자주 대화한다는 말입니다. 부부가 친밀하게 대화하고, 부모 자녀가 가까이 대화하고, 가족들이 함께 모여 대화하는 것입니다.

4. **함께하는 시간 time together 입니다.**
함께 식사하고, 함께 교회에 가고, 함께 놀러가고, 함께 영화를 보러가고 함께 있는 시간을 많이 가지면서 가족간의 사랑을 키워간다는 말입니다.

5. **정신적 건강 spiritual wellness 입니다.**
서로 격려하며 칭찬하며 생각을 밝고 적극적으로 만들어간다는 말입니다. 서로 축복하고, 서로 격려하고 서로 칭찬하면서 그 가정은 정신적으로 건강한 가정이 되어간다는 말입니다.

6. **극복의 능력 coping ability 입니다.**
가정이 어려움에 봉착했을 때 힘을 모아서 슬픔으로 참아 넘기지 않고 변화와 발전의 기회로 극복하는 지혜와 능력을 가지고 있다는 말입니다. 가족들이 지혜를 모으고 힘을 모아서 위기를 발전의 기회로 만들어 간다는 말입니다.

오늘을 사는 우리 가정에도 이 「6가지」가 필요합니다.

대한예수교장로회 **행복플러스교회** 담임목사 신경직
경기도 부천시 원미구 중동 715
032) 657-0020, 653-1788
011-1707-7934

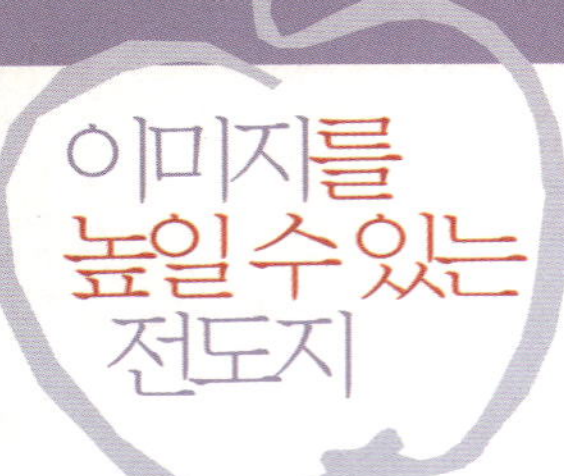

06-01
"하나님은 당신을 자랑하십니다."
세계적인 지휘자 정명훈의 성공비결
면목중앙교회

06-02
"하나님은 당신을 자랑하십니다."
세계적인 작가 안데르센의 성공 비결
면목중앙교회

06-03
"하나님은 당신을 자랑하십니다."
웃음이 가져다주는 「10가지」 효과
면목중앙교회

06-04
"하나님은 당신을 자랑하십니다."
세계에서 제일 행복한 섬 발라의 다섯 가지 비결
면목중앙교회

06-05
"하나님은 당신을 자랑하십니다."
세상에서 가장 행복한 사람
면목중앙교회

06-06
"하나님은 당신을 사랑하십니다."
행복이란 말 한마디에서 출발 합니다
면목중앙교회

06-07
"하나님은 당신을 사랑하십니다."
긍정적인 말이는 난치병도 치료할 수 있습니다
면목중앙교회

06-08
"하나님은 당신을 사랑하십니다."
강감찬 장군의 성공 비결
면목중앙교회

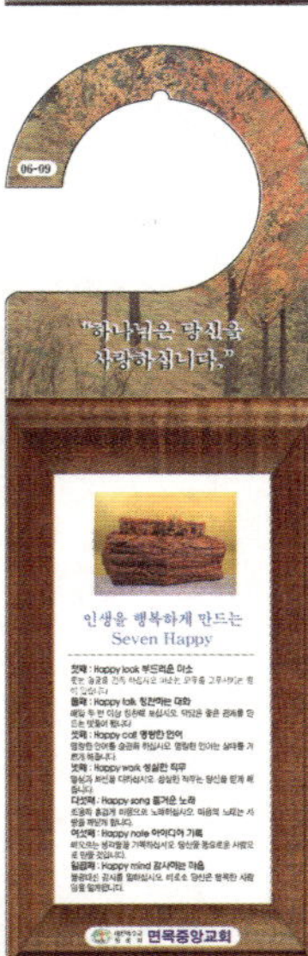
06-09
"하나님은 당신을 사랑하십니다."
인생을 행복하게 만드는
Seven Happy
면목중앙교회

06-10
"하나님은 당신을 사랑하십니다."
스타븐 스필버그의 성공 비결
면목중앙교회

| 104 종류

> "어떻게 또는 무엇을 말할까 염려하지 말라. 그 때에 무슨 말을 말할 것을 주시리니 말하는 이는 너희가 아니라 말씀하시는 자 곧 너희 아버지의 성령이시니라."
>
> (마태복음 10:19-20)

누가복음 7장에 보면 나인 성문 앞에서 사람들이 죽은 자를 메고 나오고 있었습니다. 혼자된 과부의 독자였습니다. 이때 예수님은 과부를 보시고 불쌍히 여겨 "울지 말라" 하시고 죽은 자가 누워있는 관에 손을 대셨습니다. 그리고 "청년아, 일어나라!"고 말씀하셨을 때 죽었던 자가 일어나 앉아 말을 하기 시작했습니다.

주님은 길을 가실 때도 그냥 다니시지 않았습니다. 사랑의 터치로 인해 죽은 자를 살려 내셨습니다. 예수님의 사랑의 터치는 절망 중에 있는 자에게 소망을 안겨다 주었습니다. 전도는 절망 중에 있는 자에게 진정한 소망을 안겨다 주는 것입니다.

우리도 길을 걷다 보면 우리 주변에 영혼이 죽어 절망 중에 있는 자들이 많이 있습니다. 죽어가는 영혼을 보고 그냥 지나쳐서는 안됩니다. 하루에 한 영혼에게라도 복음을 전해야 합니다. 전도하고자 하는 성도들에게 하나님은 비신자들을 만나게 해주시고 하늘나라 보물인 사과를 찾게 해주십니다. 그들에게 복음을 전해야 합니다. 여러 가지 다양한 방법으로 그들을 예수님 앞으로 인도할 수 있지만, 그러나 말씀을 통한 복음 제시 전도야 말로 전도자들이 꼭 해야 하는 전도입니다. 복음 제시 전도는 성도라면 누구나 할 수 있습니다. 내 안에 살아 계신 예수 그리스도를 확실히 증거해야 합니다.

복음을 증거하기 위해서 말씀 암송은 기본입니다. 그런데 오랜 시간을 걸쳐 외우는 말씀이 아니라 우리가 알고 있는 말씀을 잘 외워 놓기만 하면 됩니다. 혹시 외우지 못한다 해서 낙심할 필요는 없습니다. 요한복음 5장 24절의 말씀 한 구절만 가지고도 복음을 전할 수 있고, 요한복음 3장 16절의 말씀을 가지고도 복음을 전할 수 있습니다. 성도라면 어린아이들로부터 장년, 노년에 이르기까지 기본기만 있다면 누구나 외울 수 있고 전할 수 있습니다.

다음은 그림과 같이 외울 수 있도록 준비했습니다.

❶ 히브리서 3장 4절
"집마다 지은이가 있으니 만물을 지으신 이는 하나님이시니라"

❷ 창세기 1:27-28
"하나님이 자기 형상 곧 하나님의 형상대로 사람을 창조하시되 남자와 여자를 창조하시고 하나님이 그들에게 복을 주시며 그들에게 이르시되 생육하고 번성하여 땅에 충만하라, 땅을 정복하라, 바다의 고기와 공중의 새와 땅에 움직이는 모든 생물을 다스리라 하시니라"

❸ 로마서 3:23
"모든 사람이 죄를 범하였으매 하나님의 영광에 이르지 못하더니"

❹ 이사야 53:6
"우리는 다 양 같아서 그릇 행하여 각기 제 길로 갔거늘 여호와께서는 우리 무리의 죄악을 그에게 담당시키셨도다"

❺ 로마서 6:23
"죄의 삯은 사망이요 하나님의 은사는 그리스도 예수 우리 주 안에 있는 영생이니라"

❻ 히브리서 9:27

"한번 죽는 것은 사람에게 정하신 것이요 그 후에는 심판이 있으리니"

❼ 마가복음 9:48

"거기는 구더기도 죽지 않고 불도 꺼지지 아니하느니라"

❽ 요한복음 3:16

"하나님이 세상을 이처럼 사랑하사 독생자를 주셨으니 이는 저를 믿는 자마다 멸망치 않고 영생을 얻게 하려 하심이니라"

❾ 로마서 10:13

"누구든지 주의 이름을 부르는 자는 구원을 얻으리라"

❿ 베드로전서 3:18

"그리스도께서도 한번 죄를 위하여 죽으사 의인으로서 불의한 자를 대신하셨으니 이는 우리를 하나님 앞으로 인도하려 하심이라 육체로는 죽임을 당하시고 영으로는 살리심을 받으셨으니"

⓫ 요한복음 5:24

"내가 진실로 진실로 너희에게 이르노니 내 말을 듣고 또 나 보내신 이를 믿는 자는 영생을 얻었고 심판에 이르지 아니하나니 사망에서 생명으로 옮겼느니라"

⓬ 요한복음 1:12

"영접하는 자 곧 그 이름을 믿는 자들에게는 하나님의 자녀가 되는 권세를 주셨으니"

사과전도왕----------
맞춤 전도 30°₁ 작전

사과전도 맞춤 전도 30일 작전

첫째 주간 ; 마음 열기 Opening

1일(월) 하나님께 한 영혼을 주님 품으로 인도해 달라고
간절히 기도 드리는 날

2일(화) 하루 10분 전도하기
(전도지 10장을 들고 나가 미인대칭으로 전도하기)

3일(수) 하루 10분 전도하기
(전도지 10장을 들고 나가 미인대칭으로 전도하기)

4일(목) 하루 10분 전도하기
(전도지 10장을 들고 나가 완사 반사 풋사 찾기)

5일(금) 하루 10분 전도하기
(전도지 10장을 들고 나가 완사 반사 풋사 찾기)

6일(토) 하루 10분 전도하기
(복음제시 전도지를 들고 나가 어린이에게 복음 전하기
– 주소, 전화번호 알기)

7일(주) 하루 10분 전도하기
(어린이 주일학교로 데려다 주기)

사과전도왕 관계전도를 통한 30일 전도 작전

1. 이웃이나 직장 동료 등 전도 대상자를 분명히 설정한다.
2. 매일 시간을 정해 전도 대상자를 위해 기도를 한다.

3. 전도 대상자와의 만남을 미리 계획한다.
4. 전도 대상자와 마주칠 때마다 인사를 하거나 웃는다.
5. 친절하게 대하고 말을 걸려고 노력한다.
6. 전도통장에 매일 전도 대상자의 변화 등을 기록한다.
7. 매일 전도 대상자에 대한 나의 태도를 점검한다.
8. 주변 사람들에게 중보기도를 요청한다.

둘째 주간 ; 친해지기 Being Familiar

1일(월)하루 10분 전도하기
    (전도지 10장을 들고 나가 완사 반사 풋사 찾기
        – 완사에게 전화 및 편한 전도용 선물 전달)

2일(화)하루 10분 전도하기
    (전도지 10장을 들고 나가 완사 반사 풋사 찾기
        – 관계를 통한 전도 대상자 찾기와 병행)

3일(수)하루 10분 전도 하기
    (전도지 10장을 들고 나가 완사 반사 풋사 찾기
        – 관계를 통한 전도 대상자 찾기와 병행)

4일(목)하루 10분 전도하기
    (전도지 10장을 들고 나가 완사 반사 풋사 찾기
        – 관계를 통한 전도 대상자 찾기와 병행)

5일(금)하루 10분 전도하기
    (완사를 교회 소그룹으로 인도하기)

6일(토)하루 10분 전도하기

(복음제시 전도지를 들고 나가 어린이에게 복음 전하기

– 주소 전화번호 알기)

7일(주)하루 10분 전도하기

(전도한 어린이 주일학교로 데려다 주기)

1. 전도 대상자의 관심사나 신상에 관한 질문을 던진다. (고향, 학교, 취미 등)

2. 취미나 운동 등 공통의 관심사를 갖는다.

3. 자신과의 관계를 강요하지 말라.

4. 본인이 크리스천이라는 것을 숨기지 말고 자연스럽게 대하라.

5. 한번에 오랜 시간 만나기보다 자주 짧은 만남을 갖는 것이 좋다.

6. 대상자의 필요 사항이나 기도 제목을 듣는다. (슬픔, 소원, 작은 문제 등)

7. 2~3일에 한번은 안부전화나 문자를 보낸다.

8. 편하게 볼 수 있는 기독교 잡지나 책을 선물한다.

셋째 주간 ; 섬기기 Serving

1일(월)하루 10분 전도하기

(전도지 10장을 들고 나가 전도하며 완사와 의도적으로

접촉 선물 주기)

2일(화)하루 10분 전도하기

(전도지 10장을 들고 나가 전도하기)

3일(수)하루 10분 전도하기

(전도지 10장을 들고 나가 전도하기)

4**일(목)**하루 10분 전도하기

(전도지 10장을 들고 나가 전도하기)

5**일(금)**하루 10분 전도하기

(완사 또는 반사와 함께 구역모임에 참여하기)

6**일(토)**하루 10분 전도하기

(복음제시를 통한 어린이 전도하기)

7**일(주)**하루 10분 전도하기

(전도한 어린이 주일학교로 데려다 주기)

1. 전도 대상를 도울 수 있는 기회를 찾아라.

2. 매일 아침 짧은 성경구절을 하나씩 문자로 보내준다.

3. 종교적 내용을 담은 공연이나 영화를 함께 본다.

4. 경조사가 있다면 챙겨 축하하거나 위로해 준다.

5. 전도 대상자도 당신을 섬길 수 있는 기회를 준다.
   그리고 반드시 감사의 표시를 하낟.

6. 서점의 기독교 코너에 가서 초신자들이 쉽고 재미있게 읽을 수
   있는 책이나 작은 성경을 선물한다.

7. 교회의 집회나 문화 공연에 초대한다.

8. 대상자의 미니홈피에 CCM이나 크리스천 배너를 선물한다.

넷째 주간 ; 친구 되기 Building up

1**일(월)**하루 10분 전도하기

(완사와 만나 함께 식사 후 복음전하기)

2일(화)하루 10분 전도하기

(전도지 10장을 들고 나가 전도하기)

3일(수)하루 10분 전도하기

(전도지 10장을 들고 나가 전도하기)

4일(목)하루 10분 전도하기

(전도지 10장을 들고 나가 전도하기)

5일(금)하루 10분 전도하기

(완사또는 반사를 구역 모임으로 데려오기)

6일(토)하루 10분 전도하기

(완사와 만나 작은 선물 전달하고 교회가기로 싸인 받기)

7일(주)하루 10분 전도하기

(완사 교회로 데려오기)

사과전도왕 관계전도를 통한 30일 전도 작전

1. 기독교 단체를 통한 봉사 활동에 함께 참여한다.

2. 교회 안이나 주변에서 운영하는 서점이나 찻집, 레스토랑 등을
   만남의 장소로 적극 활용한다.

3. 전도 대상자에게 편지나 카드 이메일 등을 보낸다.

4. 교회의 절기 행사나 전도 축제 등에 초대한다.

5. 태신자를 위한 소그룹이나 구역 모임에 초청한다.

6. 큐티 자료를 매일 볼 수 있는 메일링에 등록해 준다.

7. 교회에 함께 가보자고 자연스레 제안한다.

8. 교회에 가겠다고 하면 전도자의 집으로 가서 함께 교회로 간다.

1. 나는 기도로 전도를 시작한다.
2. 나는 사명감을 갖고 전도한다.
3. 나는 성령님과 함께 전도한다.
4. 나는 하나님의 사랑으로 전도한다.
5. 나는 열성을 갖고 전도한다.
6. 나는 자신감을 갖고 전도한다.
7. 나는 끈기 있게 전도한다.
8. 나는 전도를 위하여 하루 10분의 시간을 드린다
9. 나는 전도하며 만나는 고난이 나를 단련시키는 것으로 생각한다.
10. 나는 평생에 내 나이만큼 전도한다.

성경에 나타난 전도 용어는 신약성경에 5가지로 나타납니다.

1. **유앙겔리조** '내가 기쁜 소식을 전한다'는 뜻으로 신약에서 자주 사용되는 용어이며, '선전하다'는 뜻도 가지고 있습니다.

2. **케루쏘** '내가 전파하다'는 뜻이며 예수와 요한, 그리고 초대의 복음 전도자들이 사용했습니다. 마태복음 4장 23절과 마가복음 3장 1절 등은 '하나님 나라에 대해 전파했다'는 뜻으로 사용되고 있습니다.

3. **디다스코** '내가 가르치다'의 뜻으로 예수님이 성과 촌에 다니시며 회당에서 가르치셨다는 내용으로 마가복음 9장 35절에서 사용되었습니다.

4. **마르튀스** '증인'이라는 뜻이며 사도행전 1장 8절에서 사용되었는데 예수 믿는 성도들은 예수님의 십자가와 부활 등을 증거해야 할 증인들이라는 것을 말해주고 있는 용어입니다.

5. **마데테스** '제자'라는 뜻으로서 마태복음 28장 19절에서 사용되었습니다. 이 용어는 단순히 사람들을 가르치는 것을 넘어서 성도를 예수 그리스도의 충실한 제자로 훈련시킨다는 뜻을 내포하고 있습니다.